Amani Abuzahra (Hg.)
Mehr Kopf als Tuch

Amani
Abuzahra (Hg.)

MEHR **KOPF** ALS **TUCH**

Muslimische Frauen am Wort

Tyrolia-Verlag · Innsbruck-Wien

Die Drucklegung dieses Werkes wurde unterstützt durch die Kulturabteilung der Stadt Wien sowie den Zukunftsfonds der Republik Österreich.

Mitglied der Verlagsgruppe „engagement"

2. Auflage 2018

Umschlaggestaltung, Layout und digitale Gestaltung: Tyrolia-Verlag
Unter Verwendung eines Bildes von Dar Salma – Stephanie Abidi
Druck und Bindung: FINIDR (CZ)
ISBN 978-3-7022-3637-3 (*gedrucktes Buch*)
ISBN 978-3-7022-3651-9 (*E-Book*)
E-Mail: buchverlag@tyrolia.at
Internet: www.tyrolia-verlag.at

Für Ishaq Jakob & Salima Anna.
Für eine neue Generation.

*„Es kommt nicht darauf an,
was man aus uns gemacht hat, sondern darauf,
was wir aus dem machen, was man aus uns gemacht hat."*
(Jean-Paul Sartre in *Saint Genet*)

Inhalt

Vorwort

„A Sakkal ah?", fragt sie ihn im breiten Wiener Dialekt an der Kasse. Die Frage richtet sich an den Kunden, einen jungen Lehrer einer Wiener Schule. Er ist dabei, sich eine Jause zur Mittagspause zu kaufen. Als er die Frage hört, blickt er verwirrt von seiner Geldtasche auf, überlegt kurz, um dann ein Lächeln aufzusetzen. Er stimmt einen leichten Sing-Sang-Ton an: „Asakkallah, asakallah!" und wippt dabei mit Kopf und Oberkörper vor und zurück. Ein bisschen nach Bollywood mutet das an. Die Dame an der Kasse ist nun jene mit dem verwirrten Blick, kassiert schließlich und verabschiedet ihn höflich, um sich kopfschüttelnd dem nächsten Kunden zuzuwenden. Der Lehrer packt seine Siebensachen und freut sich insgeheim, dass er auf die ‚muslimische Grußformel' kulturell sensibel reagiert hat. Erst als er den Supermarkt verlässt, dämmert ihm, dass es sich bei „A Sakkal ah?" weder um eine arabische Verabschiedung noch um eine muslimische Grußformel handelt, sondern schlichtweg um die Frage, ob er denn ein Sackerl (dt.: Tüte) für die eingekauften Lebensmittel benötige. Eine durchaus gewöhnliche Frage, der aber eine neue Bedeutung beigemessen wird, da die Kassiererin ein Tuch auf dem Kopf trägt und somit als Muslimin erkennbar ist.

Diese kurze Sequenz, die sich übrigens tatsächlich so zugetragen hat, ist wohl sehr kennzeichnend für die gegenwärtige Situation vieler Musliminnen in Europa. Nämlich, dass scheinbar noch ein langer Weg vor uns liegt, bis Musliminnen als selbstverständlicher, hier lebender, arbeitender, studierender, partizipierender, ja und auch feministischer Teil der Bevölkerung erachtet werden. Der junge Mann aus der Erzählung ist sichtbar irritiert aufgrund des Tuches. Er versucht, kulturell sensibel zu reagieren. Hätte sich das jedoch genauso zugetragen, wenn die Kassiererin kein Tuch getragen hätte?

Vielfältige Geschichten und Lebensrealitäten der Musliminnen sind nicht für alle zugänglich, beziehungsweise nur bedingt angekommen in der hiesigen Gesellschaft. Stattdessen kursiert ein verzerrtes Fremdbild über sie, das oftmals mit dem Selbstbild muslimischer Frauen wenig zu tun hat. Denn obwohl Musliminnen in verschiedenen Berufen und gesellschaftlichen Bereichen anzutreffen sind, wie zum Beispiel als Schülerinnen, Studentinnen, Mütter, Arbeitslose oder Angestellte, Künstlerinnen, Konsumentinnen, Mehrfachbelastete, Gläubige, Zweifelnde, Optimistinnen, Lehrerinnen oder anderes (und somit in der Mitte), werden sie in der Wahrnehmung am Rande der Gesellschaft verortet.

Nach wie vor dominieren Klischees über sie sehr stark in den Köpfen der Menschen: Musliminnen als einen Teil der Bevölkerung wahrzunehmen gilt noch immer nicht als Selbstverständlichkeit. Statt der Vielfalt der Geschichten ist es eine monotone, sich ständig wiederholende Geschichte, nämlich die der unterdrückten, unmündigen, ungebildeten sowie abhängigen, nicht zu vergessen stets kopftuchtragenden Muslimin. Die Schriftstellerin und Feministin Chimamanda Ngozi Adichie formuliert das sich daraus ergebende Dilemma folgendermaßen: *„Die einzige Geschichte formt Klischees. Und das Problem mit Klischees ist nicht, dass sie unwahr sind, sondern dass sie unvollständig sind. Sie machen eine Geschichte zur einzigen Geschichte."*

Genau hier setzt dieses Buch an. Es will den Blick der LeserInnen für den Pluralismus der Lebenswelten muslimischer Frauen sensibilisieren. Es soll die Möglichkeit bieten, sich auf Neues einzulassen, einen neuen Standpunkt einzunehmen und vor allem von Themen zu lesen, die den Frauen ein Anliegen sind und ihnen am Herzen liegen.

Es wird mit diesem Buch ein Zugang geboten, der in dem gegenwärtigen medialen und politischen Diskurs wenig berücksichtigt wird: ihre eigene Geschichte zu erzählen und somit neue Narrative zu schaffen. Denn es sind in der Tat herausfordernde Zeiten, in denen wir leben. Wenn von politischer Seite die Kleidungspraxis der muslimischen Frau (Kopftuch-/Burka-/Burkiniverbote) zu einem Diskussionsthema wird, dann ist dies eine zusätzliche Erschwernis.

Denn dieser Diskurs empowert muslimische Frauen nicht, sondern entmündigt sie vielmehr. Musliminnen brauchen keine FürsprecherInnen, die ihre selbstbestimmte Lebenspraxis als Zwang deuten, egal ob mit oder ohne Tuch.

Dagegen anschreiben, aber auch für eigene Standpunkte und Inhalte eintreten, den durchaus notwendigen kritischen innermuslimischen Diskurs anstoßen: All dies braucht Raum. Raum in den Büchern, Köpfen und Herzen. Für eine neue Generation, angeleitet von Frauen.

Wien, im Juli 2017 *Amani Abuzahra*

Einleitung

Schenkt man der Einschätzung der Allgemeinheit Glauben, so müsste jeder fünfte Mensch in Deutschland dem Islam zugehörig sein. Dass diese „gefühlte Wahrheit" gleich vier Mal so hoch ist wie die tatsächliche Zahl, sollte jedoch zu denken geben.[1] Ein Faktor für diese verzerrte Wahrnehmung mag unter anderem der ständigen Präsenz des Islams im medialen und politischen Diskurs geschuldet sein. Denn „[a]lle wissen: Nicht nur sex sells, auch Islam sells."[2]

Es wäre anzunehmen, dass durch diese hohe Frequenz an Themen mit Islambezug eine Objektivierung stattfindet. Gäbe es mehr Sendungen über den Islam und seine AnhängerInnen, wäre auch das Bild, das entstünde, vielschichtiger und bunter. Leider ist genau das Gegenteil der Fall. „Der Islam wird in den westlichen Medien oft negativ dargestellt. Das schürt die Islamfeindlichkeit in der Bevölkerung – und hilft dem Rechtspopulismus."[3]

Mit dem vorliegenden Buch sollen abseits der medialen Trampelpfade neue Wege beschritten werden. Die Grundidee ist jedoch nicht nur eine bunte Auswahl unterschiedlichster Akteurinnen, sondern auch die Vielfalt der zu Papier gebrachten Themen. Musliminnen aus Deutschland und Österreich schreiben über *ihre* Anliegen. Was fühlen, wünschen, fürchten, träumen oder hoffen sie? Was bereitet ihnen Sorgen, Ärger oder Freude? Welche Erwartungen haben sie an sich selbst, welche an die Gesellschaft? Was sind ihre Vorstellungen vom „guten Leben"? Abseits der Debatten rund um Leitkultur, islamische Kindergärten oder Kopftuchverbote kreisen die Autorinnen um Themen wie Heimat, Spiritualität, Vielfalt, Feminismus, Rassismus, Ausgrenzung, Widerstand, Kunst und Karriere.

Damit ist dieser Band eine Sammlung von gesellschaftskritischen Analysen und persönlichen Erzählungen. Die Autorinnen hatten freie Hand bezüglich der Wahl ihrer Themen sowie in der Gestaltung und der Länge ihrer Beiträge. Auch über diesen Weg soll die Vielfalt sichtbar werden, zum Beispiel, wie unterschiedlich die Herangehensweisen sind.

Der Sammelband gewährt einen authentischen Einblick in Lebenswelten engagierter Musliminnen und gibt die kritischen weiblichen Töne der muslimischen Community wieder.

Denn begibt man sich auf die Suche nach Literatur über muslimische Frauen, so wird man schnell fündig: Zahlreiche Bücher wurden *über sie* verfasst, wenige *von ihnen*. Die Darstellungen und Erzählungen über die muslimischen Frauen variieren, jedoch liegt eine Tendenz zur Vereinheitlichung vor – nämlich das Bild der Frau als Objekt der Unterdrückung, die es zu befreien gilt aus der Zwangsehe, Gewaltbeziehung, Unmündigkeit. Die Frage, die unbeantwortet bleibt: Wie sehen muslimisch-weibliche Lebenswelten aus? Gibt es nur eine? Wie wollen muslimische Frauen gesehen werden?

Insofern ist dieses Buch als ein Projekt der breiten „Sichtbarmachung" der Diversität des muslimisch-weiblichen Lebens in Deutschland und Österreich zu verstehen: vielfältige Frauenrollen in dieser multikulturellen, -ethnischen und -religiösen Gesellschaft. Dieses Buch dient durch ein Aufzeigen der Realitäten der deutschsprachigen Musliminnen ein Stück weit zum Dialog und zur Versachlichung eines emotionsgeladenen Diskurses.

Den Anfang macht KEVSER MURATOVIC mit dem Text *„Die U3 – oder auch: Die Wege der Integration sind unergründlich"*. Sie schreibt über ihre persönlichen Erfahrungen der Migration als Deutschtürkin nach Wien. Sie beleuchtet dabei die Funktion von Sprache und rundet ihren Text kreativ ab.

AMANI ABUZAHRA schreibt in *„Mein anderes Europa"* über Europas Identität, Zugehörigkeit und vom Rand der Gesellschaft. In dem Beitrag wird auf das Grenzgängerdasein eingegangen und darauf, welche Chancen sich daraus ergeben können.

Danach entführt uns LEYLA DERMAN in die Höhen und Tiefen ihres familiären Alltags und lässt uns unter dem Titel *„Eine Woche* *mit einer muslimischen Familie – außergewöhnlich ungewohnt"* hinter die Kulissen blicken.

KÜBRA GÜMÜSAY schreibt in „*Das Kopftuchmädchen*" über Spiritualität, Identität und Missachtung und macht diese Themen zugänglich über einen berührenden Dialog.

Im nächsten Beitrag beleuchtet SOUFEINA HAMED die psychologische Funktion von Stereotypen und Vorurteilen. Sie geht in ihrem Text „*Warum ich viele bin und warum wir alle eins sind*" auch durch das Zeichnen von Cartoons auf ihren Kampf gegen Vorurteile ein.

Auf eine humorvolle Art und Weise nähert sich ANJA HILSCHER als Konvertitin dem Muslimin-Sein in Deutschland, ohne auszusparen, dass „der Islam" ein Imageproblem hat. Mehr dazu in ihrem Text unter dem Titel „*Zurück in die Zukunft: emanzipierte Öko-Punk-Musliminnen*".

DUDU KÜCÜKGÖL erörtert die Frage „*Brauchen wir einen muslimischen Feminismus?*" und stellt sich der Debatte aus unterschiedlichen Perspektiven. Neben einer innermuslimischen Auseinandersetzung mit den Quellen übt sie Kritik an frauenfeindlichen Zuständen und deren AkteurInnen.

Im nächsten Beitrag „*Einzigartig vielfältig*" widmet sich HALIEMAH MOCEVIC pointiert den Themenfeldern der Vielfalt, Solidarität und Zugehörigkeit.

Im Artikel von MAISA PARGAN „*Passend oder unpassend? – Die Kunst des Sprechens!*" widmet sie sich dem omnipräsenten Bereich der Sprache und dessen Folgen in Bezug auf die gesellschaftliche Teilhabe.

NADIA SHEHADEH schreibt in einem eindrucksvollen Reisebericht über ihre ganz persönlichen Erfahrungen im Land ihrer Großeltern, abseits von Klischees und falschen Annahmen unter dem Titel „*Wie heißt Ihr Großvater?*".

Im letzten Beitrag „*Stolz und Vorurteil – MuslimaPride*" geht BETÜL ULUSOY auf das Phänomen der Bevormundung und Gegenstrategien ein.

Dieses Buch erhebt keinen Anspruch auf Vollständigkeit in der Abbildung der Realität muslimischer Frauen. Vielmehr sollen die Textbeiträge dazu dienen, Impulse zu setzen, um muslimische Frauen aus einem anderen Blickwinkel zu betrachten. Letztendlich geht es um eine Normalisierung muslimischen Lebens in den hiesigen Gesellschaften.

Die Abbildung der Lebenswelten muslimischer Frauen wird aber hoffentlich auch andere Menschen dazu inspirieren, sich zu emanzipieren, um damit einen Beitrag zu einer gerechteren und sozialeren Welt zu leisten. Dafür braucht es Frauen, die sichtbar werden mit ihren Geschichten und auch einen entsprechenden Raum in der allgemeinen Wahrnehmung einnehmen. So laut und deutlich mit ihrer Botschaft, dass man sie weder ignorieren noch missdeuten kann.

Anmerkungen

1 Perceptions are not reality: what the world gets wrong, https://www.ipsos.com/ipsos-mori/en-uk/perceptions-are-not-reality-what-world-gets-wrong?language_content_entity=en-uk
2 Kaddor, Lamya: „Viele Muslime wenden sich innerlich von Deutschland ab", http://www.zeit.de/gesellschaft/2016-03/integration-islamophobie-deutschland/seite-3
3 Hafez, Kai: „Der Islam hat eine schlechte Presse", http://www.zeit.de/gesellschaft/zeitgeschehen/2016-12/islam-verstaendnis-medien-berichterstattung-populismus-gefahr

Die U3 – oder auch: Die Wege der Integration sind unergründlich

Kevser Muratovic

Als ich das Thema des ersten muslimischen Kreativwettbewerbs in Österreich erfuhr, hatte ich wenig Anlass überrascht zu sein: INTEGRATION (sic!).

Ich konnte also wieder einmal getrost feststellen, dass „Integration nach über 30 Jahren wieder in Mode" war, um wenig später ebenso wie Mark Terkessidis zu konstatieren: „*Sehr sinnvoll ist das nicht.*"[1] Nicht, dass ich eine Integrationsgegnerin oder gar -verweigerin wäre, von denen es zumindest laut Thilo Sarrazin nur so wimmeln dürfte, aber die Tatsache, dass sich dieses Thema seit Jahrzehnten hartnäckiger und nachhaltiger als die globale Erwärmung (und die ist ja wirklich besorgniserregend) in der öffentlichen Diskussion hält, hat etwas Ermüdendes an sich. Ermüdend zum einen, weil die Integrationsthematik wirklich eigenartige Auswüchse hervorgebracht hat, von vermeintlichen Kronzeugen[2] bis hin zu pseudowissenschaftlichen Überbevölkerungsneurosen, zum anderen aber auch, weil nach zig Tagungen, etlichen Symposien und Arbeitskreisen, noch mehr Dialogforen und Diskussionsrunden keine wesentliche Veränderung oder Verbesserung erreicht werden konnte. Wenn man mich denn nun fragt, worin diese Veränderung und Verbesserung eigentlich bestehen soll, so muss ich ehrlich gestehen, dass ich es nicht mehr weiß. Ja genau, ich weiß es nicht mehr. Vielleicht habe ich es im Getöse der letzten Jahrzehnte vergessen; aber vielleicht sehe ich auch einfach keine Notwendigkeit mehr darin, mich daran zu erinnern: In der charmanten Universitätsstadt Tübingen geboren, wuchs ich unweit von dort im allseits bekannten Schwabenländle auf. Spätzle standen bei uns genauso auf dem Tisch wie Pizza und Pasta, im Gegensatz zu Döner übrigens. Ich war im Volleyballverein und habe Reitsport getrieben, war ehrenamtlich tätig und habe am Wochenende das Gemeindeblättle ausgetragen, um mir ein Taschengeld zu verdienen. Ich habe auf Deutsch gelernt, gesungen, studiert und abgeschlossen. Ganz normal eben.

Die einzige Frage, die mir in diesem Zusammenhang wirklich legitim erscheint, ist: Warum bin ich eigentlich keine Kronzeugin geworden? Oder all die anderen, die eine ähnliche Geschichte erzählen könnten? Nun ja, vermutlich ist es die falsche. Wie auch immer, zurück zum Kreativwettbewerb oder dazu, warum ich mich trotz allem dafür entschied, an diesem Wettbewerb mit diesem Thema teilzunehmen.

Der einmal ins Rollen gebrachte Integrationsschneeball hat mittlerweile so eine Wucht entwickelt, der sich realistisch gesehen einfach keiner mehr entziehen kann, auch nicht meine Wenigkeit oder sagen wir es so: besonders meine Wenigkeit nicht. Einen Migrationshintergrund zu haben, bedeutet letztendlich, auf das Thema Integration eingeschworen zu sein, ob man will oder nicht. So konnte ich nicht umhin, mich doch vom Thema des Wettbewerbs angesprochen zu fühlen. Denn einen Migrationshintergrund zu haben, bedeutet letztendlich auch von Anfang an, dass Differenz das ausschlaggebende Prinzip ist, wie man selber seine Umwelt betrachtet, als auch von dieser betrachtet wird. Allerdings, und das muss dazu gesagt werden, ist diese Differenzlinie alles andere als freiwillig gewählt. Ich habe mich jetzt hin und her gewunden und versucht, das Unvermeidliche zu vermeiden, um nicht einen weiteren Begriff zu tangieren, der ähnlich wie „Integration“ eine wurmlochähnliche Wirkung entfaltet; aber vergeblich! Wenn ich über Differenz schreibe, so muss ich auch schreiben, worin sich diese manifestiert: Identität. Oder um genauer zu sein, der Teil meiner Identität, der anders ist, als anders und fremdartig wahrgenommen wird, als maßgeblicher Unterschied, als nennens- und bemerkenswerte Unterscheidung. Amin Maalouf drängt sich hierbei auf, wenn er schreibt: „*Oft neigt man übrigens dazu, sich gerade in seiner am stärksten angegriffenen Zugehörigkeit wie-*

derzuerkennen. [...] Aber ganz gleich, ob man sie annimmt oder versteckt, sich diskret oder lautstark zu ihr bekennt: sie ist es, mit der man sich identifiziert. Die betreffende Zugehörigkeit [...] beherrscht dann die gesamte Identität."[3] Die Festschreibung auf ein einziges Identitätsmerkmal ist ein enges Korsett, dessen einschränkende Wirkung mal mehr, mal weniger stark empfunden wird. Es war und ist mir schon immer ein großes Rätsel gewesen, warum Menschen mit Migrationshintergrund bestenfalls Spezialisten für Migrationsthemen sein konnten. Diese „*exotistische Instrumentalisierung*"[4] betrachte ich als großen gesellschaftlichen, wirtschaftlichen, sozialen und auch persönlichen Verlust. Sie verstellt den Blick auf die vielen Identitätsanteile, die einen jeden Menschen aus- und auch so flexibel machen. Alle diese Anteile zu sehen, kennenzulernen, zu nutzen hätte eine äußerst befreiende Wirkung für beide Seiten: sowohl für diejenigen, die als Migranten, als auch für diejenigen, die als Nichtmigranten beschrieben werden.

Diese befreiende Wirkung erfuhr ich selber, kurz nachdem ich meinen Lebensmittelpunkt von Tübingen nach Wien verlegt hatte, bei einer U-Bahn-Fahrt mit der U1. So mich meine Erinnerungen nicht täuschen, war es die Haltestelle Karlsplatz – damals wie heute eher wenig beliebt bei den Wienern –, als ich mit einem Schwall Menschen ausstieg, um Richtung Rolltreppe zu gehen und mir eines schlagartig bewusst wurde: Ich war ein Mensch unter vielen! Niemand wollte oder konnte sich die Zeit nehmen, mich aufgrund meines Kopftuches anzugaffen. Ich war – wenn auch nur für einige Minuten – ein Mensch, der aus der U-Bahn ausgestiegen war. Nicht mehr und nicht weniger. So äußerte sich die viel kritisierte Anonymität einer Großstadt für mich denkbar positiv und erhellend! Wenn man sich dann aus den Tiefen der U-Bahn-Haltestelle an das Tageslicht befördert hatte und am Ring vor der Oper stand, war man neben den ganzen chinesischen, arabischen, indischen, russischen, europäischen Touristen, neben den ganzen Backpackers, Geschäftsleuten, Punks und Diven alles andere als anders.

Ich will nicht in nostalgischen Erinnerungen schwelgen oder Österreich als Schlaraffenland für Muslime stilisieren, aber das Gefühl, dass mein Kopftuch nicht gesehen wird und somit meine augenscheinlich einzige Differenzlinie zur Mehrheitsgesellschaft (wie sehr ich diese Begriffe doch nicht mag!), ist für mich mit Wien verbunden. Hier hatte ich das Gefühl zum ersten Mal und noch viele Male danach. Deswegen spielen Wien, die U-Bahn sowie alle Begriffe in und um den Integrationssalat eine Rolle für mein Gedicht, das ich im Rahmen des Kreativwettbewerbs verfasst habe. Ich bin froh darüber, dass ich, meiner Identität als Migranten-Andere folgend, die Möglichkeit der kreativen Auseinandersetzung mit dem Integrationsthema in Anspruch genommen habe, worin ich übrigens den besonderen Wert des Creative Muslim Contest auch ausmachen kann. Das „Problem Integration" aus einem anderen Blickwinkel zu betrachten und mit kreativer Distanz zu durchleuchten, hatte etwas Befreiendes. Meines Erachtens konnten auf diese Weise neue Handlungsspielräume generiert werden, da vollkommen andere, eher unerprobte Fähigkeiten und Kompetenzen – nämlich kreative und gestalterische – zum Zuge kamen. Die Übersetzung der eigenen Integrationserfahrungen in die Sprache der Kunst und Ästhetik erfordert nämlich das Beherrschen der verschiedenen „Sprachen": die Muttersprache, die Mehrheitssprache, die Integrationssprache und die Kunstsprache. Mit Humboldt gesprochen: *„Durch die Mannigfaltigkeit der Sprachen wächst unmittelbar für uns der Reichthum der Welt und die Mannigfaltigkeit dessen, was wir in ihr erkennen; es erweitert sich zugleich dadurch für uns der Umfang des Menschendaseyns, und neue Arten zu denken und empfinden stehen [...] vor uns da."*[5]

Hier nun mein Gedicht:

Die U3 – oder auch: Die Wege der Integration sind unergründlich.

Integration
in 25 Minuten.
Von *Station* zu *Station*
ohne *Komplikation*?
Das wäre eine *Sensation*!

OTTAKRING
Einsteigen bitte!
Es beginnt ...
1890 Eingemeindung Ottakrings in Wien.
Per *Definition*
ganz ohne *Komplikation.*
Einfache *Inklusion*!

JOHNSTRASSE
Ach, Franz Xaver John!
Du wurdest belohnt für deine
„erfolgreiche *Insubordination*".
Heute ich
nur *Exklusion,*
manchmal sogar *Aversion.*

WESTBAHNHOF
Knotenpunkt.
43.000 Personenfrequenz.
Menschen*akkumulation*
unproblematische *Transaktion*
Geben und Nehmen *in Aktion.*

NEUBAUGASSE
Entstanden nach der 1. Türkenbelagerung.
Nicht die letzte *Konfrontation.*

VOLKSTHEATER
Gegründet für die breite Masse.
Eine wunderbare *Intention:*
Gesellschaft ohne *Segregation.*
Auch für *Migration?*

STEPHANSPLATZ
Wiens *Hauptattraktion*!
1964 Anwerbeabkommen Österreichs mit der Türkei
Die 1. *Generation.*
Sicherlich eine *Irritation*.

ROCHUSGASSE
Zu Ehren des unheiligen Heiligen
Rochus von Montpellier.
Wie, *Religion* als *Tradition*?
In dieser Region?

KARDINAL-NAGL-PLATZ
1911 Ernennung Franz Xaver Nagls zum Erzbischof.
1912 Anerkennung des Islam in Österreich.
Schon wieder *Religion*?!
Ist das *Segregation*?
Nein!
Einfach Teil der *Immigration*.
Für mich
Teil der *Partizipation*.

ENKPLATZ
Michael Leopold Enk von der Burg.
Selbstmörderischer Schriftsteller.
Ist das eine *Option*?

SIMMERING
1892 Eingemeindung Simmerings in Wien.
War das *Assimilation*?
Oder *Infiltration*?
Oder vielleicht doch ein Schritt zur *Perfektion*.

Von Ost nach West
in 25 Minuten.
Von Station zu Station
ein Stück Integration,
mit Komplikation
als Sensation
für Perfektion;
aber sicher ist
die unbekannte Endstation.

Anmerkungen

1 Terkessidis, Mark (2010): Interkultur. Berlin, 6. Aufl., S. 7.

2 Beck-Gernsheim, Elisabeth (2007): Wir und die Anderen. Kopftuch, Zwangsheirat und andere Missverständnisse, Frankfurt a. Main, S. 79.

3 Maalouf, Amin (2000): Mörderische Identitäten. Frankfurt am Main, S. 27f.

4 Mecheril, Paul (Hg.) u. a. (2010): Handbuch Migrationspädagogik. Weinheim und Basel, S. 81.

5 Humboldt, Wilhelm von (2007): Werke in fünf Bänden (1960–81), Bd. V, hg. von Andreas Flitner und Klaus Giel. Darmstadt, S. 111.

Mein anderes Europa

Amani Abuzahra

Ich bin etwas aufgeregt. Es ist eine der ersten Lesungen meines Buches „*Kulturelle Identität in einer multikulturellen Gesellschaft*". Der Saal ist gut gefüllt mit einer bunt gemischten Zuhörerschaft. Ich werde begrüßt, vorgestellt und halte anschließend meine Lesung. Die Zeit vergeht wie im Flug. Als ich fertig bin, habe ich ein gutes Gefühl; die wichtigsten Stellen habe ich klar artikuliert und bin nun gespannt auf die Reaktionen des Publikums.

Es meldet sich ein Mann mittleren Alters, der zunächst weit ausholt, über sich und seinen wissenschaftlichen Werdegang erzählt, um dann seine Frage zu formulieren. Eine Frage, die ich immer wieder gestellt bekomme in unterschiedlichen Kontexten, ob in einem Dialog im Alltag, im Rahmen einer Podiumsdiskussion oder unter einem meiner Postings auf Social Media, ja sogar in einem Workshop für DoktorandInnen, als ich meinen Forschungsschwerpunkt präsentierte. Die Frage lässt viele nicht los. Sie ist eine immer wiederkehrende. Aber für mich keine irritierende. Sie zeigt mir vielmehr die Irritation meines Gegenübers. Die Frage verdeutlicht, was ich bei meinen GesprächspartnerInnen oder manchen im Publikum auslöse.

Zurück zur Lesung: Es handelt sich also um die erste Rückmeldung, die ich nach meinen Ausführungen von dem Zuhörer erhalte: „*Warum kritisieren Sie nicht Ihre eigene Gesellschaft? Warum bemängeln Sie nicht zuerst Ihre Gemeinschaft, bevor Sie uns kritisieren?*" Diese Fragen sind eigentlich keine Fragen, vielmehr ein Kommentar. Es stört ihn, dass ich in meinem Buch unter anderem Europa und Österreich kritisiere – die europäische Gesellschaft. Ob das nicht authentischer wäre, wenn ich meine eigene kritisiere, will er wissen?

Ich erwidere fragend, was er denn unter „meine eigene" subsumiere? Und frage mich weiter: Ist wohl eine Gesellschaft gemeint, die sich jenseits der Landesgrenzen Europas verorten lässt – vermutlich gar ein sogenanntes „muslimisches" Land (wie auch immer man das definieren mag)? Oder etwa gleich „der Islam" oder „die muslimische Gemeinschaft", wenn er „meine Gemeinschaft" anspricht? Oder zielt er mit der Frage nach „meiner Gemeinschaft" auf die der PhilosophInnen ab, deren ich mich durch mein Studium und Forschen zugehörig fühle?

Ich bin erstaunt. Eigentlich irritiert mich ja der Duktus dieser Fragen nicht (mehr). Und doch bin ich überrascht, da ich mir dieses Denken in „Wir" versus „Ihr" in diesem Rahmen nicht erwartet hätte. Naiv, ich weiß.

Durch seine Fragen zieht er eine Trennlinie: „Wir" versus „Ihr". Sollte ich mich demnach nicht viel mehr in Demut üben und dankbar sein, in Europa zu leben statt Kritik auszuüben, so der Grundton der darauffolgenden Diskussion.

Und hier kommt der springende Punkt: Das ist mein Europa. Mein Österreich. Meine Gemeinschaft. Und insofern erachte ich meine vorgelegte Kritik in diversen Formen auch immer als eine Selbstkritik. Indem ich von diesem, meinem Recht Gebrauch mache, widerspreche ich auch dieser Unterteilung, die den Anschein erwecken soll, es stünden sich zwei in sich geschlossene Pole gegenüber: „die Muslimin" versus „die Europäerin", oder „der Islam" versus „der Westen". MuslimInnen erachten sich als vitaler Bestandteil Europas: eingesessen oder zugewandert, verbunden aufgrund der Tatsache, dass hier der Geburtsort liegt oder sie hier sozialisiert sind. Für viele ist Europa ein Ort, an dem sie ihre Zukunft sehen.

MuslimInnen nehmen insofern des Öfteren eine Rolle der GrenzgängerInnen ein. Denn obwohl sie sich verbunden fühlen, sich in der Mitte der Gesellschaft wahrnehmen, kann es durchaus sein, dass sie in der medialen und politischen Debatte am Rand der Gesellschaft verortet werden. An der Grenze sind Beobachtungen aus einer gewissen Distanz möglich, die bestimmte Missstände oder Entwicklungen sichtbar(er) machen. Die Verortung an der Grenze birgt also eine Chance.

In diesem Sinne möchte ich einige Anmerkungen zu Europa aus meiner Perspektive machen: aus der Mitte der Gesellschaft, aber auch vom Rand aufgrund der Erfahrungen der Fremdverortung.

Europa steht am Scheideweg. Zwischen Rassismus und Hoffnung. Zwischen Extremismus und Zuversicht. Zwischen Populismus und Frieden.

Der Philosoph Jacques Derrida nimmt als Pendler zwischen Algerien und Frankreich sowohl eine Innen- als auch Außenperspektive auf Europa ein. Der Grenzgänger beschreibt in „*Das andere Kap*" ein Europa, das sich in einem Zustand zwischen Hoffnung und Bedrohung befindet. Nämlich Hoffnung darauf, dass eine Zeit kommt, in der Ausgrenzung im Namen der Religion oder Nationalität als überholt gilt, und zugleich Furcht davor, dass Fanatismus jeglicher Couleur überhandnimmt. Die Sorge steigt, dass Nationalismus am Erstarken ist und eine Politik, die exkludiert. Zugleich gibt es Gegenstimmen und Menschen, die für ein Miteinander eintreten. Welchen Lauf das Friedensprojekt Europa nehmen wird, ist aktuell ungewiss.

Der Politikwissenschaftler Dominique Moïsi zeichnet in seinem Buch „*Kampf der Emotionen. Wie Kulturen der Angst, Demütigung und Hoffnung die Weltpolitik bestimmen*" eine Landkarte der Emotionen. Europa sei geprägt von Angst. Dies lässt sich vor allem an der Zunahme der Sicherheitskontrollen und Beschneidung der individuellen Freiheit messen, so Moïsi. Die gefühlte Unsicherheit (gefühlt deswegen, weil im Vergleich zu anderen Ländern europäische Länder als die sichersten und friedlichsten gelten, laut dem Global Peace Index 2016, erhoben vom *Institute for Economics and Peace, IEP)* bewirkt, dass die Menschen nach einfachen Antworten sowie Halt und Orientierung suchen. Diese werden mitunter von rechtspopulistischen Parteien geboten, mit simplen (Ant-)Worten in einer zunehmend komplexer werdenden Welt, die nicht selten auf Europas Identität abzielen.

Ein großes und vor allem umkämpftes Thema ist die Zugehörigkeit zu Europa: Wem „gehört" Europa, wer wird als zugehörig erachtet, wer als fremd und wer bleibt außen vor? Die europäische Identität wird zur Verhandlungssache. Verschiedene AkteurInnen verhandeln, wofür Europa steht. Die Fähigkeit zur Etablierung eines bestimmten Europabildes im historischen und gegenwärtigen Kontext ist eine Machtfrage. Dieses fortzuschreiben ist ebenso eine Frage, wessen Geschichte erzählt und wem zugehört wird. Welche Perspektive geht dabei verloren oder wird unterdrückt und welche verstärkt?

Die feministische Schriftstellerin Chimamanda Ngozi Adichie warnt in ihrem TedX-Talk „Die Gefahr der einzigen Geschichte" mit folgenden Worten: *„Macht ist die Fähigkeit, die Geschichte einer anderen Person nicht nur zu erzählen, sondern sie zur maßgeblichen Geschichte dieser Person zu machen."*

Die Auseinandersetzung mit dem Werden und der Formierung Europas und das Verhältnis zum „Anderen" kann sich am Beispiel der Konstruktion des „Orients" und der Reduzierung und steten Wiederholung *einer* Geschichte offenbaren. Die Theorie der postkolonialen Studien besagt, dass die Bildung Europas ohne Konstruktion des „Anderen" nicht denkbar wäre. (Dhawan/Said).

Über „den Anderen" kursieren Geschichten, die als repräsentativ dargestellt werden. Entspricht man dieser einseitigen Darstellung nicht, so sei man die Ausnahme, denn alle anderen wären doch anders. Über „die muslimische Frau" kursieren beispielsweise folgende Klischees:

Die muslimische Frau – sie sei die tiefverschleierte, um genau zu sein:

zum Kopftuch gezwungene,
vom Vater zwangsverheiratete,
vom Mann geschlagene,
vom Bruder bewachte,
von jeglicher Bildung fern gehaltene,
um nicht zu vergessen eingesperrte,
mit ihrem Schicksal zufriedene – Ayse?

Der Diskurs über die muslimische Frau ist dabei einseitig geprägt. Stereotypen und Verallgemeinerungen wirken omnipräsent in der

Diskussion rund um die Frau. Diese Konstruktion „der Muslimin" wird oftmals außerhalb des Zugehörigkeitsspektrums Europas verortet.

Um dies zu verändern, kann ein Blick auf Derridas Werk *Das andere Kap* helfen. Es trägt den wichtigen Untertitel *Erinnerungen, Antworten und Verantwortungen*. Er schreibt, dass ein Erinnern an die Vergangenheit Europas unumgänglich ist. Er meint, dass es sich in der Gegenwart zu verantworten gilt und auf die Fragen der Zukunft Antworten zu finden seien.

Von der Vergangenheit, derer es sich zu erinnern gilt

Das Erinnern an Europas Vergangenheit kann helfen, neue Blickwinkel zu eröffnen, um Gegenwärtiges besser zu verstehen, und Ansätze für eine inklusive europäische Identität liefern.

Es gilt kritisch nachzuhaken: Wie erinnern? Woran erinnern?

Ein neuer Blick auf die Vergangenheit ist vonnöten, sodass andere Narrative Eingang finden in unser kollektives Bewusstsein, um „den Islam" und „den Westen" nicht als homogene, in sich abgeschlossene Entitäten gegenüberzustellen.

Umgemünzt auf mein Erlebnis bei der Buchpräsentation würde sich daraus die Frage ergeben, ob MuslimInnen in Österreich oder gar in Europa eine historische Relevanz haben.

Die Geschichte des Islams beginnt in Deutschland und Österreich definitiv nicht mit der Arbeitsmigration ab Mitte des 20. Jahrhunderts. Den ersten Kontakt gab es bereits im Jahr 800, als sich muslimische Reitervölker in den hiesigen Breiten niederließen. Bei näherer Betrachtung wird klar, dass MuslimInnen seit vielen Jahrhunderten die gesamte Region, aber im Speziellen auch Österreich, mitgestaltet haben. Mehr dazu ist in dem Sammelband *„Ostarrichislam. Fragmente achthundertjähriger gemeinsamer Geschichte"* nachzulesen. Der Kontakt zwischen Europa und den islamischen Kulturen mündet nicht nur in Konfrontationen, sondern auch in einem Austausch, der die jeweils andere/n Kultur/en befruchtet. Die jeweilige Wirklichkeit wurde nachhaltig geprägt und geformt. So finden sich Spuren der Begegnung im heutigen Europa in der Architektur, in der Kunst, der Philosophie, der Medizin und weiteren Naturwissenschaften, der Sprache, in der Kulinarik, aber auch in Traditionen. Diese Prägung eröffnet eine neue Perspektive auf den gegenwärtigen Europadiskurs.

Es ist eine reichhaltige Geschichte, die jedoch in manchen Schulbüchern (in Österreich beispielsweise) sehr verkürzt und oft negativ dargestellt wird, wie zum Beispiel in der Studie der beiden Wissenschaftlerinnen Christa Markom und Heidi Weinhäupl nachgewiesen wird. Unter dem Titel *„Die Anderen im Schulbuch. Rassismen, Exotismen, Sexismen und Antisemitismus in österreichischen Schulbüchern"* werden aktuelle Schulbücher des österreichischen Schulsystems einer kritischen Analyse unterzogen. Die Forscherinnen gehen der Frage nach, wie Migrationsgeschichte dargestellt wird, auf welche Weise eine gewisse Norm suggeriert wird und welche Konzepte SchülerInnen präsentiert werden. Die Analyse zeigt, dass beispielsweise „der Islam" als eine totalisierende Kraft dargestellt wird, Stereotype bedient werden und das kritische Hinterfragen der Geschichte Europas nicht unbedingt gefördert wird. Leider ist das Wissen um die reichhaltige Geschichte und Beeinflussung der islamischen Kulturen im Detail nicht sehr ausgeprägt unter den muslimischen Communities, sodass oftmals SchülerInnen muslimischen Glaubens überfordert sind, wenn sie zu StellvertreterInnen des Islams auserkoren werden und sich zu der Thematik im Unterricht positionieren sollen.

Betrachten wir Europas Verhältnis zu MuslimInnen im historischen Kontext, so zeigt sich, dass diese seit Langem in diesen Breitengraden beheimatet sind. Insofern hilft ergänzend zu einem interkulturellen Dialog der intrakulturelle: nämlich einen Blick auf die eigene Kultur zu werfen, um zu erkennen, dass „den Anderen" kennenzulernen bedeutet, sich selbst kennenzulernen und zu entdecken, wie stark die Vernetzung zu dem vermeintlich Fremden ist. Dieser Zugang schafft ein Verständnis der europäischen Identität, in der MuslimInnen sich genauso kritisch gegenüber Zuständen äußern können, ohne darauf hingewiesen zu werden, zuerst „das Eigene" zu kritisieren. Denn „das Eigene" ist Europa.

In der Gegenwart gilt es sich zu verantworten

Derrida spricht in diesem Zusammenhang von gewissen Pflichten Europas, wie zum Beispiel der Öffnung. Dies erlangt eine Aktualität aufgrund der Fluchtbewegungen und der politischen Debatte, wie man mit den Geflüchteten umgehen soll. Die Mitgliedsstaaten der Europäischen Union sind sich uneinig, wie hier zu verfahren ist. Religion wird zum Spielball der politischen Überlegungen.

Viele der Geflüchteten seien MuslimInnen und insofern „anders" als die Einheimischen. Polen, Ungarn beispielsweise verweigern eine weitere Aufnahme von muslimischen Flüchtlingen mit dem Argument, dass von ihnen eine Gefahr von terroristischen Anschlägen ausgeht. So fordert der Innenminister Polens Mariusz Błaszczak ein Einreiseverbot für Flüchtlinge aus „islamischen Staaten".

Derrida erinnert, dass es Europas Pflicht ist, Fremde aufzunehmen und somit Verantwortung zu zeigen. Um dies umzusetzen, brauche es jedoch eine Neuorientierung Europas und eine Achtung der Differenz. Differenzen hinzunehmen und mit Widersprüchen umzugehen, lässt sich unter Ambiguitätstoleranz zusammenfassen. Vor allem in Migrationsgesellschaften ist eine Ambiguitätstoleranz vonnöten, denn es treffen Menschen aufeinander, die verschiedene Lebensstile, religiöse Zugehörigkeiten, sexuelle Orientierungen haben, die sich vom Nächsten unterscheiden.

Der Islamwissenschaftler Thomas Bauer übernimmt das Konzept der Ambiguitätstoleranz aus der Psychologie und überträgt diese auf die kulturelle Ebene. In seinem Buch *„Die Kultur der Ambiguität. Eine andere Geschichte des Islams"* erläutert er die Kompetenz durch eine Untersuchung der islamischen Geschichte unter dem Blickwinkel, wie ausgeprägt diese beispielsweise im 14. Jahrhundert war. Er konstatiert, dass dies eine Herausforderung darstellt, die Toleranzfähigkeit wiederzubeleben – vor allem in einem Europa, das gegenwärtig stark geprägt ist von einem Denken der Dichotomie, in Entweder-oder-Kategorien.

Als ob man sich ständig entscheiden müsse und das andere zu negieren habe. Es steht im Widerspruch zu der Lebensrealität von vielen jungen Menschen, die in einem Europa der Vielfalt aufwachsen. Jene, die sich mehreren Kulturen zugehörig fühlen und von verschiedenen Sprachen geprägt sind, passen nicht in das einfache Schema.

Der Mangel an Akzeptanz des Vieldeutigen zeigt sich im Wahn auf der Suche nach Eindeutigkeiten. Dies hat eine Auswirkung auf das Individuum. „Das Andere“ wird in Frage gestellt, da es potentiell die eigene Identität in Frage stellen könnte. In einer ungünstigen Konstellation kann dies in „Entwertung, Vertreibung oder Unterwerfung“ des Anderen münden, laut Thomas Meyer (Identitätspolitik 2012).

Es bedarf einer Entwicklung zu einer wertschätzenden Haltung gegenüber Unterschieden und das Erkennen von Gemeinsamkeiten. Menschen eint die Sorge bezüglich (Aus-)Bildung, Finanzierung der Familie, Zukunft und vielem mehr. Hier schließt sich der Kreis, wenn man erkennt, dass die Sorgen, unabhängig von religiöser, kultureller oder ethnischer Zugehörigkeit, gemeinsame sind und es auch Handlungsbedarf gibt.

Antworten für die Zukunft

Derrida verweist auf die Wichtigkeit, Antworten für die Zukunft zu finden. Sie geben uns Orientierung, eine gewisse Ausrichtung zu finden. Auf Europa bezogen bedeutet dies, dass die Demokratie nicht außer Acht gelassen werden darf.

Derrida spricht von dem europäischen Erbe der demokratischen Idee, das es anzunehmen gilt. Die Demokratie ist jedoch fragil, immer wieder im Entstehen und birgt somit Veränderungen in sich.

An dieser Idee der Demokratie gilt es so viele wie möglich zu beteiligen und nicht willkürlich Menschen auszuschließen.

Mark Terkessidis tritt dafür ein, dass die Zukunft zum gemeinsamen Projekt erklärt wird. Denn die Zukunft hat das Potenzial, zu verbinden, Energien zu bündeln. Es ist ein Projekt, wofür es sich lohnt, sich einzusetzen, denn es geht nicht nur um die gesellschaftliche, sondern auch um die individuelle Zukunft. Und dafür braucht es neben einem Begegnen auf Augenhöhe auch konkrete Orte, um diese Zukunftsfragen auszuverhandeln. Und vor allem Raum für Kritik. Denn Kritik ist gut, wichtig und notwendig; Selbstkritik oftmals besser, ehrlicher und nachhaltiger.

Literatur

Abuzahra, Amani (2012): Kulturelle Identität in einer multikulturellen Gesellschaft. Wien.

Bauer, Thomas (2011): Die Kultur der Ambiguität. Eine andere Geschichte des Islams. Berlin.

Derrida, Jacques (1992): Das andere Kap. Die vertagte Demokratie. Zwei Essays zu Europa. Frankfurt am Main.

Markom, Christa/Weinhäupl, Heidi (2007): Die Anderen im Schulbuch. Rassismen, Exotismen, Sexismen und Antisemitismus in österreichischen Schulbüchern. Wien.

Meyer, Thomas (2002): Identitätspolitik. Vom Missbrauch kultureller Unterschiede. Frankfurt am Main.

Moïsi, Dominique (2009): Kampf der Emotionen: Wie Kulturen der Angst, Demütigung und Hoffnung die Weltpolitik bestimmen. München.

Nussbaum, Martha (2014): Die neue religiöse Intoleranz. Ein Ausweg aus der Politik der Angst. Darmstadt.

Said, Edward W. (2003): Orientalismus. Frankfurt am Main.

Shakir, Amena/Stanfel, Gernot Galib/Weinberger, Martin M. (Hg.) (2012): Ostarrichislam. Fragmente achthundertjähriger gemeinsamer Geschichte. Wien.

Terkessidis, Mark (2010): Interkultur. Berlin.

Varela, Maria Do Mar Castro/Dhawan, Nikita (2005): Postkoloniale Theorie. Eine kritische Einführung. Bielefeld.

Eine Woche mit einer muslimischen Familie: außergewöhnlich ungewohnt

Leyla Derman

Man stelle sich mal das Leben einer muslimischen Frau vor. Wie ihr Alltag wohl aussieht hinter ihrer Haustür? Hinter dem Schleier? Wenn sie das erdrückende Kopftuch abnimmt, der sie und ihre Schönheit vor Blicken versteckt [#Haremsphantasie]: Was macht sie in den eigenen vier Wänden, wo sie praktisch eingesperrt ist. Wie läuft so ein Tag, eine Woche wohl ab?

Ganz zeitig in der Früh aufstehen, der Horde von Kindern und ihrem Pascha ein festliches Frühstück vorbereiten, den ganzen Tag putzen, waschen, kochen und andere Leute bedienen. Vielleicht wollte sie diesen Mann nicht heiraten, der sie schlägt und schlecht behandelt, aber es hat sie ja niemand gefragt. Vielleicht wollte sie auch nicht so viele oder gar keine Kinder, aber das wurde sie auch nicht gefragt. Aber gut, die Kinder können wenigstens Deutsch und helfen ihr da und dort aus. Eigentlich war sie gut in der Schule und hätte gern eine Ausbildung gemacht und gearbeitet, aber eines Sommers musste sie in der Türkei ihren Cousin heiraten. Damit ging die „Verantwortung" für sie von ihrem Vater auf ihren Mann über. Von einem Mann zum nächsten weitergereicht: Zwangskopftuch, Zwangsheirat, Zwangskinder, Zwangshaushalt, Zwangsleben. Ein jämmerliches Dasein ohne Freiheit und ohne Lichtblick …

Wir können ihr Leid und ihren Kummer nur erahnen. Was sich wirklich hinter dieser verschleierten Lebensweise verbirgt, ist uns unbekannt. Aber damit soll endlich Schluss sein! Wir schauen uns das nun in der Realität an und begleiten eines dieser *schleier*haften Wesen in ihrem Alltag: eine Woche in ihren Schuhen.

Montag

Montag in der Früh geht es los, schließlich beginnt die Arbeitswoche. Um 06:15 (keine Minute vorher und keine Minute nachher, und das jeden Tag) wacht Süleyman auf und ruft: „Anne! Anne! Mama yicem!" (Deutsch: Mama! Mama! Ich will essen[1]!). Auf jeden Fall fühlt es sich an, wie wenn er das um 5 Uhr früh machen würde, und ich frage meinen Mann: „Warum nur ruft er mich und nicht dich? Du kochst doch viel besser als ich!" Ich bin es aber auch, die aufwacht, wenn er „Baba! Baba, Mama yicem!" (Deutsch: Papa! Papa, ich will essen!) ruft, weil Babas Schlaf etwas tiefer ist als meiner.

Spätestens also, wenn der Kleine ruft, wird die morgendliche, höchstsensible Entscheidung getroffen, wer noch eine halbe Stunde im Bett liegen bleiben darf. Diese Entscheidung hängt von vielen Faktoren ab und wird im Zweifelsfall bitter ausdiskutiert. Es geht darum, wer später schlafen gegangen ist, am Vortag länger geschlafen hat, Kopfweh hat oder einfach mal nett ist und aufsteht.

Nachdem also Baba und der kleine Süleyman ins Bad gehen, Windel wechseln und Zähne putzen, läuft mein Großer schnell in unser Bett und kuschelt noch ein bisschen mit Mama. Das mit der halben Stunde nimmt der Kleine übrigens nicht so genau, rennt vom Bad wieder ins Schlafzimmer und kommt uns sanft wecken: Zuerst kommt er schreiend ins Zimmer gelaufen und wenn er da nicht sofort eine Reaktion sieht, klettert er auf uns und springt. Spätestens dann war's das mit der morgendlichen Ruhe.

Eile ist angesagt, die Kinder essen eine Kleinigkeit, ziehen sich an und fahren mit Papa in den Kindergarten, während Mama sich von ihnen verabschiedet und ins Büro fährt. In Ottakring zu leben ist an sich schon was Tolles. Man ist mitten in Wien und spürt doch auch einen Hauch von Türkei und Balkan, kann man doch den Arbeitstag typisch türkisch beginnen: morgens ein Simit[2] in einer türkischen Bäckerei kaufen und in die Arbeit fahren. Abwechslung muss sein und manchmal geht's auch österreichisch: mit einem Kipferl und einem Kakao oder Kaffee.

Während man ein Simit relativ ärgerfrei bekommt, ist das österreichische Frühstück etwas aufwendiger. Man muss die chronisch kranken Vordrängler beim Anker/Mann/Ströck ignorieren und versuchen, sich nicht schon in der Früh aufzuregen. Alles andere ist zwecklos und bringt nur schlechte Laune. Die neurotischen Vordrängler haben nämlich keine Einsicht. Mich wundert es, warum mir das beim Türken nie passiert. Dort sind die meisten zivilisiert angestellt und nicht selten hört man: „Bitte, bestellen Sie zuerst. Buyur abla!" Schon deshalb ist mir ein türkisches Frühstück lieber und ich frage mich manchmal, ob sich diese Leute vordrängen, weil ich ein Kopftuch trage, oder ob sie einfach allen gegenüber unzivilisiert und rüpelhaft sind.

Ach, wie schön ist da die Anstellkultur in Großbritannien: Wer zuerst da ist, bekommt auch zuerst. Alle stehen in einer Schlange – egal wie viele Kassen es gibt. Aber gut, ich will mich jetzt wirklich nicht über die Vordrängler ärgern, deshalb wird's heute ein Simit.

Dass ich eigentlich Steirerin bin und nicht Wienerin, fällt mir spätestens dann ein, wenn ich mich der U-Bahn nähere. Warum schauen so viele Menschen in der Früh schon so böse drein? Je älter die Menschen werden, umso griesgrämiger blicken sie. Die jüngeren Menschen sind meistens ausgesprochen höflich und freundlich, manche lesen ein Buch, manche unterhalten sich, andere lesen eines der Blätter, die gratis verteilt werden (die sind ja auch nichts wert) – die meisten starren jedoch geistesabwesend in einen Bildschirm.

Und immer wieder aufs Neue ist es ein Erlebnis, mit einem Kopftuch U-Bahn zu fahren. Schließlich sind alle Augen auf mich gerichtet. O. k., gut, nicht alle Augen, aber wirklich viele. Das ist auch so eines dieser wunderlichen Dinge: Wir lernen doch alle als Kinder schon, man soll keine Menschen anstarren, oder? Wenn es um eine Muslimin geht, dürften viele unsere Anstandsregeln vergessen. Warum nehmen diese Leute die Höflichkeitsregeln nicht ernst? Und ich soll mich anpassen? Are you serious?!

Wie kann man eine kopftuchtragende Frau so frech und schamlos anstarren, ohne sich selbst dabei blöd vorzukommen? Viele meiner

Freundinnen haben eine Strategie dagegen: Sie starren intensiv zurück. Wenn die GafferInnen am eigenen Leib erfahren, wie unangenehm es ist, angestarrt zu werden, hören sie meistens auf. Meine Cousine hat die Methode weiterentwickelt: Sie redet dann laut über diese Leute, während sie sie anstarrt: „Weißt du, Leyla, es ist unglaublich, wie frech manche Menschen sind und einen anstarren. Ich frage mich, was es zu sehen gibt." Auch dann hören die meisten peinlich berührt auf, zu gaffen. Manchmal macht sie das auch direkt auf Wienerisch: „Gibt's was zu seh'n?". Bis jetzt hat sie noch keine Antwort auf diese Frage bekommen.

Gekonnt ignoriere ich schlecht gelaunte, rassistische Menschen und ihre Unhöflichkeiten, aber manchmal fällt mir das schwer. Derzeit aus zweierlei Gründen: Erstens bin ich relativ frisch aus der Türkei zurück, wo ich kopftuchtragende Frau als ganz normaler Mensch und nicht als Alien behandelt werde. Zweitens ist gerade Wahlkampfzeit, und die ist immer besonders schrecklich. All die fremdenfeindlichen Sprüche, die rassistischen und populistischen Botschaften, all die Türken- und Islamfeindlichkeit wird da noch einmal besonders sicht- und spürbar. Jeden Tag aufs Neue wird irgendeine rassistische oder islamfeindliche Debatte losgetreten und als Mensch, der täglich Zeitung liest und dies mitbekommt, würde ich lügen, wenn ich sage, dass mich das nicht belastet.

Wenn mir also der scheußliche Hatze[3] mit seinem neurotischen Grinser auf einem riesigen Plakat entgegenlacht, das mir vielfach begegnet, dann wird mir einfach mulmig im Magen. Wenn man noch dazu weiß, dass ihm offiziell und per Gerichtsbeschluss „Nähe zu nationalsozialistischem Gedankengut" bestätigt wird[4], trägt dies definitiv zu einem geringeren Wohlbefinden bei.

Nur noch ein kleiner Spaziergang und ich bin im Büro. Ich arbeite mit vier männlichen Kollegen zusammen. Ich bin die einzige Frau, die Vollzeit arbeitet, daneben gibt es noch eine Teilzeitangestellte, die hauptsächlich Homeoffice macht. Meine Kollegen sind alles freundliche, respektvolle und herzliche Menschen. Wir sind ein ziemlich junges Team und so macht das Arbeiten viel Spaß. Als Projektmanagerin arbeite ich oft mit Kollegen an anderen Standorten (auch alle männlich) zusammen und es ist eigentlich schön, wenn man sieht, dass das Geschlecht in der Firma keine Rolle spielt. Ich habe nicht das Gefühl, als Frau benachteiligt zu werden:

Als muslimische Frau, die ein Kopftuch trägt, ist man immer sichtbar, egal, was man macht; ob ich auf eine Dienstreise fahre oder Außentermine wahrnehme. Entgegen der populistischen Position mancher ArbeitgeberInnen „Man wolle Kunden oder Geschäftspartnern keine muslimische Frau zumuten", verlaufen meine Termine unaufgeregt. Das war nicht nur meine Erfahrung in dieser Firma, sondern auch an meinem früheren Arbeitsplatz. Wer die Arbeit gut macht, wird geschätzt, und das ist richtig so!

Ich bin kein Einzelfall: Ich kenne viele Ärztinnen, Juristinnen, Lehrerinnen, Journalistinnen, Wirtschaftsprüferinnen, Architektinnen, Geschäftsfrauen, Designerinnen und Unternehmerinnen, die ein Kopftuch tragen. Im Berufsleben zählt nicht das Aussehen, sondern die professionelle Arbeit.

Ein ganz besonderes Erlebnis hatte ich zu diesem Thema jüngst auf einer Dienstreise. Ich war schon vorher in Großbritannien, aber nicht in London. Als ich im Rahmen meiner ersten Dienstreise nach London ankam und mich bei der Passkontrolle am Flughafen anstellte – da erblickte ich sie! Die Beamtin mit Kopftuch! Es war, als würde ein leuchtender, leichter Schimmer um sie herum sein. Ihr Anblick war so eine unbeschreibliche Erfahrung, dass ich zu Tränen gerührt war.

Und das schreibe ich nicht nur, um meine besondere Rührung zum Ausdruck zu bringen. Nein, mir kamen wirklich die Tränen! Da stand ich, die junge Österreicherin mit Kopftuch, die unzählige Gespräche mit allen möglichen Leuten geführt hatte – genau zum Thema „Kopftuch im Staatsdienst" oder „Kopftuch am Arbeitsplatz". Mir fielen all die Debatten über die sogenannte „Neutralität des Staates" ein, wenn es etwa um Lehrerinnen oder Beamtinnen im öffentlichen Dienst ging und, ob sie ein Kopftuch tragen dürften oder nicht. Was dies für den Staat bedeuten würde usw.

All diese Erregung und Kleinkariertheit seitens der Kopftuch-GegnerInnen, die beim Gedanken an eine kopftuchtragende Lehrerin oder Beamtin, Richterin oder Anwältin fast schon in Ohnmacht fallen: Sie wurden auf einmal noch rückständiger und weltfremder, als sie es ohnehin schon waren. Da stand sie nun vor mir, die Beamtin der britischen Regierung, in ihrer offiziellen Uniform mit einem dazu passenden Kopftuch, die Repräsentantin des britischen Staates! Und sie machte ihre Aufgabe ganz unaufgeregt, ganz selbstverständlich, ein Pass nach dem anderen. All das, was die Debatten im deutschsprachigen Raum so auszeichnete, diese Erregung und Empörung, wurde auf einmal so lächerlich, künstlich, so out, wie aus dem letzten Jahrhundert.

Ich war in meinen Gedanken und emotional schon so euphorisch und ekstatisch, dass ich total nervös war, als ich an der Reihe war. Würde sie mich anlächeln oder mich besonders grüßen? Smalltalk? Aber nein, es kam die große Enttäuschung: Wie auch andere BeamtInnen sonstwo am Flughafen auf der Welt grüßte sie, blickte in den Pass und sagte: „Thank you." Das war's.

Ich weiß nicht, was ich erwartet hatte. Aber ein begleitender Engelschor (ich weiß, christliche Vorstellung) oder ein leuchtender Heiligenschein (ja, wieder christlich) hätten die Szene schon ziemlich aufgepeppt. Nun wieder runter vom Himmel ... und zurück auf die Erde. Meine Interaktion mit der Beamtin war einfach so normal, so gewöhnlich, so nebenbei. Sie gab sich nicht einmal die Mühe einer kleinen Extraportion Freundlichkeit für mein Kopftuch. Es schien ihr einfach egal zu sein. Ich war enttäuscht, aber eigentlich auch wieder stolz auf meine Schwester. Das ist doch gut, wenn ihr egal ist, wer vor ihr steht, und sie alle gleich behandelt!

Im kleinen Österreich und im verbissenen Deutschland wäre das wohl undenkbar gewesen. Was interpretierte man nur alles in das Kopftuch einer Staatsangestellten? In was für eine Stimmung hätten sich die Leute hineingeschaukelt? Sogar ich dachte, sie müsste etwas Besonderes sein. Was läuft da für ein Film ab in meiner Heimat, fragte ich mich beschämt, fand aber keine Antwort.

Im Rahmen meines London-Aufenthalts war die Grenzbeamtin nicht die Einzige mit Kopftuch an einem sichtbaren Arbeitsplatz: in Bäckereien, Supermärkten, Bekleidungsgeschäften, Hotels, einfach überall auf der Straße und in den Geschäften. Dabei waren Kopftücher nicht das Einzige, das mich wunderte. Es waren genauso Männer (Sikhs) mit einem Turban anzutreffen wie auch Menschen aller Hautfarben in allen möglichen Lokalen und Geschäften, Banken oder Büros. Es war einfach schön, das zu sehen! Ich kann nur hoffen, dass auch in Österreich eines Tages alle Menschen unabhängig von ihrer Religion oder ihrer ethnischen Herkunft oder Hautfarbe gleichermaßen unaufgeregt am Arbeitsleben teilhaben.

Ich fühlte mich wie in einer Welt ohne Rassismus, aber ich war auch nur drei Tage dort. Eine österreichische Freundin, die ich dort getroffen hatte, erzählte sehr wohl auch von Diskriminierung. Ich weiß, dass so ein Kurzaufenthalt keine tiefe Analyse erlaubt, aber manches sieht man eben mit bloßem Auge. Das bekennende Einwanderungsland Großbritannien geht mit Vielfalt öffentlich anders um und manche der Sorgen, die wir in Österreich haben, gibt es dort nicht.

Aber jetzt wieder zurück in meinen Alltag: Nach einem schönen und spannenden Arbeitstag verabschiede ich mich von den Kollegen und mache mich auf den Weg nach Hause. Am heutigen Abend stehen ausnahmsweise keine Termine an und: Wer zuerst kommt, kocht zuerst! Das ist die Regel und oft kochen wir auch gemeinsam, weil es Spaß macht und eine Möglichkeit ist, gemeinsam etwas zu tun.

Seit wir Kinder haben, bemühen wir uns, selber zu kochen: Die Zeiten der Tiefkühlpizzas, Kebabs und Fertiggerichte sind (fast) vorbei. Da wir beide arbeiten, sind es meist schnelle und einfache Speisen: Gulasch, Reisgerichte, Nudeln, Kartoffelgerichte und leider viel Fleisch. Ich war nie die große Fleischesserin, aber mein Mann und die Kinder lieben es, und wenn ich es mal wage, fleischlos zu kochen, muss es spätestens am nächsten Tag „richtiges Essen" geben. Mehrere Versuche, unseren Fleischkonsum zu drosseln, wurden von meinem Mann boykottiert und sabotiert.

Heute gibt's was schnelles Gutes: etwas Fischfilet und Kartoffeln mit Schlagrahm übergießen und ab in den Ofen. Das ist einfach und lecker, aber genießen können wir das Essen natürlich nicht. Die meiste Zeit verbringen wir – besser gesagt: ich – damit, irgendetwas wegzuwischen, das die Kinder ausgeschüttet haben, oder sie zur Ordnung zu ermahnen. Da hat mein Partner eine höhere Toleranzgrenze, aber als die Tochter einer türkischen Mutter bin ich ein Opfer meiner Sozialisation – wenn auch von ihrem Hygiene- und Putzfimmel weit entfernt.

Ein bisschen wird noch mit den Kids gespielt und dann ist es Zeit zum Schlafengehen für sie. Nach dem Zähneputzen und Umziehen wird meistens noch eine halbe Stunde gelesen und danach schlafen sie bald ein. Mir ist die Zeit unter der Woche mit den Kindern zu knapp: Kaum sind wir alle zuhause, schon gehen sie schlafen.

Der Partner, der nicht die Kinder hinlegt, räumt währenddessen die Küche auf. Danach ist das Highlight des Abends dran: der Kaffee. Eigentlich bin ich mir nicht ganz sicher, ob es der Kaffee ist, der mein Herz höherschlagen lässt, oder die Süßigkeit dazu, ohne die dieser abendliche Trunk nicht genossen wird. Aber ich nehme an, es ist die Ruhe des Abends, die diesen Kaffee so lecker macht.

Dienstag

Am nächsten Morgen telefoniere ich in der U-Bahn mit einer Freundin. Wir wollen gemeinsam etwas für Flüchtlinge tun: mit Kindern spielen oder ein kleines Fest organisieren. Das Gespräch ist ein „Show-Telefonat". Wenn du nämlich ein Kopftuch trägst und Deutsch sprichst, dann gibt es immer noch Leute, die fasziniert zusehen. Nicht selten bekommt man nach der tollen Aufführung (Leistung: die deutsche Sprache) sogar ein Kompliment: „Sie können aber gut Deutsch!", und meistens bedanke ich mich sogar dafür.

Die Leute meinen es doch gut, denk ich mir. Dann wünsche ich ihnen einen schönen Tag und lasse sie mit einem positiven Bild gehen. Das höchste der Gefühle ist, wenn ich so etwas sage wie: „Ich bin ja auch hier aufgewachsen und bin Österreicherin!". Aber es ist zu anstrengend, alles zu kommentieren und ständig Leute zu erziehen. Viel zu gerne würde ich manchmal antworten: „Danke, Sie auch!"

Da fällt mir eine Geschichte ein, die ich als Studentin erlebt habe. Ich bin damals zwischen Leibnitz und Graz gependelt. Ein etwas älterer Herr setzte sich zu mir und nachdem er mich beim Telefonieren (genauer: beim „Show-Telefonieren auf Deutsch") gehört hatte, fingen wir zu reden an – etwas Smalltalk. Er hatte einen starken Akzent und sprach auffällig gebrochen Deutsch. Da ich in der Steiermark nahe der slowenischen Grenze wohnte, war das nicht besonders ungewöhnlich. Er sprach offensichtlich nicht so gut Deutsch und wunderte sich scheinbar, dass eine andere „Ausländerin" es doch so gut konnte, und gratulierte mir dazu. Dann wollte ich es genauer wissen und fragte: „Ja und woher kommen Sie eigentlich, also aus welchem Land?".

Stille. Große Augen. Schock. Plötzlich verzog er überrascht sein Gesicht und stammelte in einwandfreiem Dialekt: „I, i ... Na, i bin jo eh a Österreicha!" Das war mir in dem Moment wirklich peinlich: „Ach so! Na, Sie hab'n so gebroch'n Deutsch g'sproch'n. Des tuat ma lad."

Danach war der Herr still und wollte nicht mehr mit mir reden. Scheinbar hatte ihn mein Kopftuch so paralysiert, dass er es sogar nach einer viertel Stunde Unterhaltung nicht schaffte, mit mir ordentlich Deutsch zu sprechen. Erst als ich ihn nach seiner Herkunft fragte, fand er in seiner Verwunderung aus dem Ausländer-Deutsch zurück zum Steirischen. Noch heute muss ich darüber lachen. Es ist ja ein bekanntes Phänomen, dass ÖsterreicherInnen mit Ausländern gebrochenes, falsches Deutsch sprechen. Aber dass es sogar dann passiert, wenn „die Ausländerin" (was ich aufgrund meines Kopftuches wohl für ihn war) sich doch minutenlang in perfektem Deutsch mit ihm unterhält, das verstehe ich bis heute nicht. Nach der Arbeit fahre ich ins Büro unseres Kulturvereins. Es stehen einige Projekte an und wir diskutieren, welche Schwerpunkte und Projekte wir im nächsten Jahr setzen könnten. Nach mehreren vollen Flipcharts, endlosen Diskussionen, demokratischen Punktevergaben ist eine erste Shortlist erreicht und die Schwerpunkte sind: Berufsorientierung, ein Frauenförderungs-, ein Bildungs-, ein Sozial- und ein Kunstprojekt.

Es ist ziemlich spät geworden in Favoriten, wenn ich in die U-Bahn einsteige. Aber ich habe hier kaum Angst auf der Straße, und das ist eigentlich ziemlich mutig, ja fast unverantwortlich von mir, schließlich bin ich da im Ghetto! Lange Zeit wusste ich das nicht, aber Martina Salomon hat im Kurier geschrieben: Favoriten sei „die unsicherste Gegend Wiens" und vom „schleichenden Niedergang" bedroht. Das ist gerade für sie von der High Society deshalb so bedrohlich, weil der Bezirk „nur drei U-Bahn-Stationen von der Innenstadt entfernt" ist. „Salafisten" und „Ausländer" machten ihn zur „No-go-Zone".[5] Diese bösen Ausländer und Salafisten! Und ich fühlte mich so sicher hier! In regelmäßigen Abständen wagen sich mutige Journalisten hierher, so auch die Profil-Journalistin Rosemarie Schwaiger. Ihre Story titelte sie „Mitten im Zehnten" und kam zum Urteil: „Der Zehnte ist halt nichts für Sensible."[6]

Zynismus off: Ich weiß nicht, in welchem Fieberanfall Frau Salomon so einen Artikel schreiben konnte. Ich habe früher im 8. Bezirk, einem sogenannten „bürgerlichen" Bezirk, gewohnt. Dort war es mir unangenehm, spätnachts auf den leeren Straßen unterwegs zu sein. Hier aber ist selbst in der Nacht noch viel los: Manche spazieren, andere sitzen auf den Bänken und quatschen, die Lokale sind voll und ich bin erleichtert. Als sichtbare Muslimin wird man oft aggressiv beschimpft, manchmal fürchte ich mich auch vor rassistischen oder islamfeindlichen Übergriffen. Aber hier am Reumannplatz, wo ein türkisches Lokal neben dem anderen steht, fühle ich mich sicher. Denn wenn mir hier was passiert, dann hilft mir wenigstens jemand.

Mittwoch

Unterwegs zur Arbeit kommt mir der Gedanke, dass der 16. Wiener Gemeindebezirk mit dem schönen Namen „Ottakring" wirklich unfairerweise einen so schlechten Ruf genießt. Einmal musste ich mir von einer Bekannten anhören, wie schrecklich doch die Jugendlichen wären – und diese seien nun oft mal türkische Buben. Sie könne nicht einmal mit dem Rad durch den Bezirk fahren, ohne körperliche Angriffe zu erfahren, und habe Angst um ihr Leben. Ich frage mich, wie man auf dem Fahrrad sitzend blaue Flecken bekommt? Bleibt sie stehen und prügelt sich mit den Jugendlichen? Oder schlagen die sie beim Vorbeifahren? Wie auch immer: Weil hier viele Menschen mit

Migrationshintergrund leben und davon eine Menge mit türkischem Background, ist den traditionell turkophoben Wienerinnen und Wienern der 16. Bezirk ein Stiefkind. Als ich vom 8. Bezirk in den 16. gezogen bin, hatte ich schon Sorgen, weil ich so viel Negatives über Ottakring und die bösen Ausländer gehört hatte.

Ich war überrascht, wie freundlich die meisten Menschen waren – egal, ob sie aus der Türkei, Bosnien, Tschetschenien, Kroatien oder Ägypten stammen. Ich fühle mich hier in der Nacht sicherer als im 8. Bezirk. Wenn auf der Straße jemand um Hilfe schreit, kommt im Normalfall in Österreich niemand zu Hilfe. Das geht aus vielen traurigen Berichten hervor[7], wo sich Opfer von Gewalt wundern, warum ihnen am helllichten Tag niemand geholfen habe. Von türkisch-sozialisierten Menschen bin ich es anders gewohnt: Meistens bieten sie schnell anderen ihre Hilfe an. Dies gibt mir gerade im 16. Bezirk ein höheres Sicherheitsgefühl.

In meinem Lieblingsbezirk sind die Einzigen, die einem die Laune vermiesen, die gemeinen Omas und die besoffenen, ungebildeten Männer mittleren Alters (und alle, die gedanklich dazugehören). Diese dürften noch dem Nationalsozialismus nachtrauern und können sich nicht an einfachste Höflichkeitsregeln halten. Sie pöbeln auf der Straße ihnen unbekannte Menschen an und können Kindergelächter nicht ausstehen. Aber ich möchte hier gar nicht mit dem Finger auf die sogenannte „Unterschicht" zeigen. Wie oft wurde ich äußerst frech, unhöflich und unzivilisiert von „gutbürgerlich" aussehenden Menschen angepöbelt? Man würde es nicht erwarten, aber auch Bildung und sozialer Status schützen nicht vor Rassismus.

Nach der Arbeit hole ich die Kinder vom Kindergarten, da mein Partner an diesem Tag länger zu tun hat, und fahre mit ihnen zu einer befreundeten Familie. Mein Großer hüpft glücklich neben uns herum und der Kleine protestiert, weil er nicht im Kinderwagen sitzen möchte. Man könnte fast glauben, das ist eine *normale* Familiengeschichte. Ist sie aber nicht. Denn in Wien mit Kind bzw. Kindern unterwegs zu sein und ein Kopftuch zu tragen, das ist wirklich mutig. Da gibt es Gruselmärchen und Horrorgeschichten ohne Ende. Wo soll ich nur anfangen?

Vor einigen Jahren stand ich beispielsweise in der Schlange bei „Zara" am Stephansplatz und mein Sohn schrie laut im Kinderwagen. Ich hatte einige Einkaufstaschen in der Hand und versuchte ihn zu beruhigen. Erwarten würde man sich in so einer Situation, dass man entweder vorgelassen wird oder dass das Personal an der Kassa selber etwas mitdenkt und es vorschlägt. Aber gut, wir sind im kinderunfreundlichen Österreich und nicht etwa in einem arabischen Land oder in der Türkei, wo man mit Kindern immer bevorzugt wird. In Dubai werden sogar Kinderwägen für den Zeitraum der Flugzeuglandung bis zur Gepäckabholung zur Verfügung gestellt (teure Marken-Buggys sogar). Während ich also mit dem Kinderwagen hinter anderen KundInnen stehe und nach dem Kind schaue, geht ein gepflegt aussehender Mann mittleren Alters schamlos an mir vorbei und stellt sich vor mich hin.

Geschockt, aber höflich sage ich: „Entschuldigen Sie, aber ich stehe hier schon länger." Der Mann dreht sich zurück, schaut mich von oben bis unten verachtungsvoll an und sagt: „Geh, gib a Ruh!" Ich versteh die Welt nicht mehr, wie man so unverschämt und unhöflich sein kann, wo ich doch mit einem schreienden Kind anstehe. „Sie haben sich vorgedrängt!"

Daraufhin dreht sich der Mann angewidert und arrogant noch einmal um und wiederholt, diesmal ziemlich laut: „Lass mich in Ruh! Halt's zam!", wie wenn ich ihn belästigt hätte. Also werde ich lauter: „Was ist das für eine unhöfliche Art?! Haben's noch nie was von Anstellen gehört? Benehmen Sie sich doch! Sie haben sich vorgedrängt!"

Das geht so eine Zeitlang weiter, bis ich schließlich die Leute neben mir und die Kassiererin darauf aufmerksam mache, dass ich vorher angestellt war und um eine Bestätigung bitte – oder zumindest darum, den Mann an einfachste Höflichkeitsregeln zu erinnern. Niemand antwortet, nur die Kassiererin sagt, sie dürfe sich nicht einmischen. Sie wüsste nichts und alle anderen KundInnen stellen sich auch blind bzw. taub.

Außer mir vor Wut und mit Tränen in den Augen, ohnmächtig der Unverschämtheit und Arroganz dieses Mannes wegen, gehe ich also weg und nehme mir vor, nie wieder zu „Zara" zu gehen. Ich könnte noch zig Situationen erzählen, von mir oder von Freundinnen, die Ähnliches erlebt haben und jeden Tag erleben: fehlender Respekt und fehlende Höflichkeit von Menschen, die auf den ersten Blick sicher nicht in die Kategorie „aggressive/r Hinterwäldler/in" fallen würden, mit denen man das Wort „asozial", „unverschämt" oder „unhöflich" assoziieren würde.

Es sind also keine „Sandler" von der Straße, sondern Gehobene der bürgerlichen Schicht, die auf einmal zu unzivilisierten ekelhaften Menschen mutieren, weil sie jemandem begegnen, den sie nicht als gleichwertig oder Mensch ihrer Klasse sehen. Sie nehmen sich plötzlich das Recht, sich vorzudrängen, schamlos Menschen anzupöbeln, die sie nicht kennen, und eine unbekannte Person grundlos zu beschimpfen. Was ist das für eine Doppelmoral und Unverschämtheit? Sind es nicht gerade diese Leute, die über gute Erziehung oder das gute Elternhaus sprechen?

Eine Frau mit Kopftuch wird von manchen Menschen als unwürdiges Mitglied der Gesellschaft behandelt. Auf einmal werden diese Leute, die sonst – angeblich – so viel von Werten, gesellschaftlichen Regeln und von Höflichkeit halten, ekelhaft, arrogant und unhöflich. Dabei vergessen sie, dass die Höflichkeit eines Menschen nicht von seinem Gegenüber abhängt. Ich lege doch meinen respektvollen Umgang mit anderen Menschen nicht ab, weil sie anders als ich sind.

Ich war in der Türkei überrascht, wie höflich und freundlich die Menschen miteinander umgehen. Wenn dort jemand auf der Straße eine Person anpöbeln würde, würde auch die Umgebung Partei ergreifen und die angegriffene Person in Schutz nehmen. Ganz anders in Österreich, wo sogar die, die sich aufgrund ihrer Geburt für etwas Besseres halten, RassistInnen werden. Ja, und dann darf ich mir von solchen überheblichen Leuten etwas über „Zivilisiertheit und Überlegenheit des christlichen Abendlandes" und „Kultur und Werte" anhören.

Am schlimmsten ist es für mich immer nach einem Aufenthalt in einem Land mit höflichen, freundlichen und aufgeschlosseneren

Menschen wie England, Bosnien oder Spanien. Zurück in Österreich ist es jedes Mal ein Kulturschock, wenn man wieder dieser alltäglichen Feindseligkeit begegnet. Dann fällt mir der unfreundliche und teilweise unhöfliche Umgang besonders auf. Aber meine schlechten Gedanken verfliegen, als wir bei meiner Freundin ankommen. Ein Glas Çay (çay = türkisch für Schwarztee) und die Welt ist wieder in Ordnung. Vor dem Schlafengehen holt mich das Erlebte noch einmal ein und quält mich, aber vielleicht bin ich ja zu sensibel ...

Donnerstag

Nach der Arbeit habe ich noch ein Fortbildungsseminar und komme erst kurz gegen 22 Uhr heim. Die Kinder schlafen, mein Hirn ist zum Bersten voll. Ich bete und gehe sofort schlafen. Manche Tage sind so lang und lassen sich nur so kurz beschreiben.

Freitag

Am Morgen treffe ich eine Freundin zu einer Frühstücksbesprechung um 8 Uhr. Sie leitet ein Arbeitsmarktprojekt für Jugendliche und möchte meine Meinung zu gewissen Themen hören. Wir tauschen uns aus und überlegen gemeinsam. Die frühen Termine sind mir lieber als die am Abend, dann kann ich wenigstens um diese Zeit zuhause sein. Es gibt Wochen, da sehe ich die Kinder tagelang vor dem Schlafengehen nicht und küsse sie nur nachts schlafend in ihren Betten.

Heute ist der Frühtermin jedoch nur, weil ich am Abend einen anderen Termin habe. Es gibt eine Podiumsdiskussion zum Thema „Bildung und Migration“ mit Necla Kelek. Sie ist von Berufs wegen islamhassende Kronzeugin (Kronzeugin, weil sie Türkin ist und es deshalb besser weiß und berechtigt ist, den Islam zu hassen – sie muss es ja wissen). Ich will hingehen und sie etwas nerven. Eigentlich läuft jede Diskussion über den Islam (egal, ob es um Bildung, Arbeitsmarkt oder Demokratie geht) nur darauf hinaus: unterdrückte Frauen, Gewalt, Zwangsheirat, Zwangskopftuch, Integrationsunwilligkeit, die bösen Türken usw. Mich interessieren diese Diskussionen mit ihren islamophoben TeilnehmerInnen und den dazu passenden ReferentInnen eigentlich gar nicht, aber ich gehe trotzdem hin. Ich denke mir, dass ich hingehen sollte, um die hegemoniale, orientalistische Darstellung der westlichen Überlegenheit und des dazugehörenden rückschrittlichen Islambildes zu kritisieren, zu hinterfragen und um den Leuten etwas reinen Wein einzuschenken, die sich so kuschelig wohl fühlen in ihrer ausgrenzenden und verachtenden Sichtweise des als anders Konstruierten. Wenn wieder über den Islam bzw. über MuslimInnen gelogen wird oder aus Unwissenheit Falsches verbreitet wird, muss man einfach da sein, um aufzuklären. Nicht immer habe ich die Kraft dazu, mich diesen feindlichen Diskussionen zu stellen, aber manchmal schaffe ich es.

Also tu ich, was ich als gute Muslimin für ein besseres Zusammenleben in Österreich tun sollte: Ich gehe hin, diskutiere mit Menschen und versuche, die giftige Stimmung etwas zu ändern. Die PanikmacherInnen und Paranoiden tun das Ihre, um uns allen das Zusammenleben zu erschweren, ich versuche das Gegenteil. Das kann ich – Gott sei Dank – besonders gut und ohne wenig Aufwand. Meistens reicht es, wenn ich mich vorstelle und einige korrekte deutsche Sätze spreche, um einen Applaus zu bekommen. Durch das Kopftuch auffällig, ergeben sich oft interessante Gespräche und ich versuche den Leuten zu erklären, dass MuslimInnen auch nur *normale* Menschen sind, die ein friedliches Leben führen wollen. Dass eine kopftuchtragende und deutschsprechende Muslimin bis heute die Leute in blankes Entsetzen oder in hoffnungsvolles Staunen versetzt, liegt wohl an der Blindheit der Mehrheit der Menschen, die die Realität lieber aus den Medien lesen, als sie selber mit ihren Augen und Ohren auf der Straße zu entdecken.

Samstag

Es ist ein schöner Samstagmorgen, die Sonne wirft ihr Licht vom Fenster herein und draußen ist es warm. Die Kinder sind voller Energie, freuen sich, dass wir einmal zuhause sind, und tragen einen

Wunsch nach dem anderen vor: Pancakes zum Frühstück, Rad fahren, Buch lesen, Lego spielen usw. Da gibt es nur ein Rezept: Rausgehen! Nach dem Frühstück packe ich die Kinder, etwas Spielzeug und Jause und wir gehen in einen schönen, großen Park mit Radwegen und mehreren Spielplätzen.

Es wird ein schöner Vormittag und die Energie der Kleinen ist wirklich unglaublich: klettern, schaukeln, Ball spielen, Sandkasten, Rad fahren, hüpfen, laufen, essen und trinken und weitermachen. Als dann der Hunger wieder kommt und sich die Notwendigkeit eines Mittagsschlafes langsam ankündigt, beschließe ich, die drei Stationen mit dem Bus zurückzufahren. Mit zwei Kinderfahrrädern, einem Rucksack und einer Spielzeugtasche ist es aber nicht so einfach ein- und auszusteigen. Der Bus ist ziemlich voll. Zwei Plätze sind unweit der Tür frei, aber ich kann nicht sitzen, weil ich die Räder habe.

Der Große nimmt den Kleinen bei der Hand und ich helfe ihnen zuerst beim Einsteigen, dann steige ich mit den Rädern zu. Ich bitte eine ältere Dame, den Kleinen während der Fahrt zu halten, weil er nicht alleine sitzen kann, und der Große nimmt bei einem jüngeren Herrn Platz. Beide sind sehr freundlich und hilfsbereit und als wir aussteigen, hilft mir der junge Mann mit den Kindern und Rädern. Ach, es gibt wirklich nichts Schöneres, als freundliche, hilfsbereite Menschen zu treffen.

All die negativen Erlebnisse relativieren sich und machen den freundlichen, hilfsbereiten Menschen Platz. Ich reflektiere über meine Erfahrungen und denke an all die Vorurteile gegen Frauen mit Kopftüchern und Kindern: ungebildet, kann kein Deutsch, viele Kinder, Hausfrau usw.

Ich gebe zu, aufgrund des Bewusstseins bekannter Vorurteile gehe ich selber von einem grundsätzlich unhöflichen Umgang aus, wenn ich mit dem Kinderwagen unterwegs bin. Im Normalfall bewahrheiten sich diese Erwartungen auch: Die meisten kommen nicht auf die Idee, mir die Tür aufzuhalten. Grundsätzlich drängen sich alle vor, wenn man sich mit dem Kinderwagen anstellt. Man muss auch meistens um den Kinderwagenplatz in der U-Bahn bitten und erntet manchmal sehr böse Blicke dafür.

Nun ist das aber keine Erfahrung, die muslimischen Eltern vorbehalten ist, und jede/r, der/die in Wien mit einem Kinderwagen unterwegs ist, weiß, dass dies der „Wiener Charme" ist. Wobei „Wiener" und „Charme" eigentlich ein Paradoxon sein müssten. Die WienerInnen sind nämlich hauptsächlich grantig. Das kann man mit Gewissheit sagen. Sie sind im Notfall lieber schlecht drauf als gut. Vor allem sind sie nicht besonders kinderfreundlich, egal, ob die Mutter mit oder ohne Kopftuch ist.

Aber warum erwarte ich eine islamfeindliche Haltung? Jetzt muss ich mich das wirklich fragen und habe sogar eine einfache mathematische Erklärung parat. Wenn laut Umfragen ca. jede/r Dritte die FPÖ wählt, gehe ich davon aus, dass ein Drittel der Menschen eine islamfeindliche oder ausländerInnenfeindliche Einstellung hat. Jede/r Dritte müsste mich also hassen oder für eine Gefahr halten. Die ca. 40 % NichtwählerInnen und Nichtwahlberechtigten habe ich der Einfachheit halber verdrängt bzw. auf die Wählerstimmen umgelegt. Das ist zwar nicht zulässig, aber Mathematikübungen zu den Wahlen kann ich ein anderes Mal machen.

Vereinfacht gesagt rennen in Wien ein Drittel Rassisten herum – in Favoriten sogar mehr – aber irgendwie spiegelt sich das auch nicht in meinen Erlebnissen wider. Ich mache auch ganz andere Erfahrungen mit Menschen, die sehr freundlich sind. Zum Beispiel: Wenn man mit der Straßenbahn fährt und es kommt eine der alten Garnituren mit Stufen zum Einsteigen, hat man zwei Möglichkeiten: Entweder man wartet eine halbe Stunde, bis die nächste Niederflurstraßenbahn kommt, oder man versucht mühsam und auf Hilfe hoffend einzusteigen. Ausgehend also davon, dass jede/r Dritte mir nicht helfen möchte, da er/sie potenzielle/r FPÖ-WählerIn und RassistIn ist, hatte ich oft die Sorge, stehen gelassen zu werden oder mir einen dummen Spruch anhören zu müssen. In meiner Phantasie lauteten diese Sprüche so oder ähnlich: „Na, i hüf sicha kana Frau mit Kopftiachl!" oder zumindest ein verächtliches „Geh ham!".

Zu meiner Verwunderung ist mir das noch nie passiert. Eigentlich haben mir die Menschen immer sehr freundlich geholfen, wenn ich sie um Hilfe bat. Und das muss man tun, wenn man mit so einem Gefährt unterwegs ist, und man muss auch eigene Vorurteile überwinden: zum Beispiel, wenn an der Haltestelle niemand anderer steht außer zwei jungen Männern mit Glatzen oder Jacken im Militärstil oder Menschen mit Merkmalen, die man selbst als fremd empfindet. Aber egal, wen immer ich bisher um Hilfe gebeten habe, die WienerInnen packten mit einem „Ja, natürlich!" gleich an. Glücklich kommen wir also zuhause an. Ich verfrachte den Nachwuchs zuerst in die Badewanne, dann essen wir. Für den Mittagsschlaf ist es nun zu spät. Die Kinder spielen mit ihrem Vater und ich gehe noch schnell einkaufen. Morgen ist ein besonderer Tag und ich muss noch Kleinigkeiten besorgen. Als ich zurück bin, suchen wir zwei Bücher zum Schlafengehen aus.

Lesen mit Kindern ist wirklich wichtig, nicht nur für sie, sondern auch für mich als berufstätige Mutter. Es ist eine ruhige, konzentrierte Zeit, wir kuscheln im Bett und lernen gemeinsam, unterhalten uns über das Gelesene und kommen uns näher. Früher, wenn ich zu müde war und nur wollte, dass sie schnell schlafen, haben wir das Lesen ausgelassen; aber jetzt ist das nicht mehr möglich. Ich habe mich klugerweise selbst überlistet: Ich habe es meinem Sohn versprochen und zu ihm gesagt, dass wir jeden Tag lesen müssten und er nicht zulassen darf, dass wir es vergessen. Seitdem lesen wir jeden Tag, auch wenn es nur eine kurze Geschichte ist. Es gibt kein Entkommen, „versprochen ist versprochen" – tägliches Buchlesen ist nun ein Naturgesetz.

Sonntag

Heute ist ein besonderer Tag, die Hochzeit meiner besten Freundin! Wir waren gemeinsam in der Volksschule, im Gymnasium, haben zusammen studiert und nun heiratet sie. Es ist für mich doppelt aufregend: Erstens ist es die Hochzeit meiner besten Freundin und zweitens ist es die erste kirchliche Hochzeit, an der ich nicht nur passiv, sondern auch aktiv teilnehme: Wenn nämlich in der Kirche als Teil der Hochzeitszeremonie Bittgebete von FreundInnen und Verwandten vorgelesen werden, werde ich die Bittgebete für das Brautpaar sprechen.

Das ist ein ganz besonderer Moment des interreligiösen Zusammenlebens: Als Muslimin werde ich die kirchliche Zeremonie mitgestalten und wir werden Gebete sprechen, unsere Worte an denselben Gott richten und alle werden „Amen" bzw. „Amin" antworten. Ich bin wirklich aufgeregt. Ich hatte schon öfter an interreligiösen Gebeten mitgewirkt, aber das waren Veranstaltungen, die Interreligiosität zum Thema hatten. Die Hochzeit meiner Freundin ist etwas ganz anderes: einerseits für uns eine Selbstverständlichkeit, die sich aus unserer Freundschaft ableitet, aber doch so neu, weil ich erstmals in einen rituell christlichen Akt eingebunden werde und als Muslimin ein Gebet selber gestalten kann.

Während ich also in der Kirche vorne stehe und in die Augen meiner Freundin blickend die Segenswünsche vorlese, muss ich mich wirklich zusammennehmen, um nicht zu weinen. Kathi geht es nicht anders und später gesteht sie mir, dass das der einzige Moment der Zeremonie war, wo sie so tief gerührt war, dass sie mit den Tränen kämpfte. Ach, ich liebe meine Kathi! Sie ist eine der wenigen Menschen, für die ich meine Hand ins Feuer halten würde, die immer ehrlich ist und bei der ich mir nie Sorgen machen muss, ob sie mich falsch verstanden hat. Das ist so befreiend an einer langjährigen Freundschaft: Wir gehen gemeinsam durch dick und dünn. Wie kennen uns so gut, niemand muss sich verstellen oder sich von der besten Seite geben. Wir können gemeinsam lachen, bis uns der Bauch wehtut, und in der nächsten Minute gemeinsam weinen.

Ich habe es nicht geschafft, eine solche Freundschaft jemals zu einer anderen Person aufzubauen. Das liegt bestimmt auch daran, dass wir so viel Zeit in unsere Freundschaft investiert haben, die wir so nie wieder haben. Fast jeden Nachmittag haben wir gemeinsam verbracht, nächtelang über Gott und die Welt geredet, gemeinsam gesportelt, ihr Pausenbrot geteilt. Es war wirklich immer ihr vegetarisches Brot, das wir geteilt haben – ich war zu faul, um früher aufzustehen und mir eine Jause vorzubereiten. Sie übrigens auch, aber ihr Vater war jeden Morgen so lieb und hat ihr bis zur Matura das Jausenbrot eingepackt. Wenn man bedenkt, dass wir ungefähr ein Jahrzehnt lang nicht selten zwölf oder mehr Stunden täglich miteinander verbracht haben, ist es vielleicht nicht weiter verwunderlich.

Ich bin dankbar und schätze mich glücklich wegen meiner Freundschaft zu Kathi. Sie kennt mich so gut, dass ich mit allen Sorgen und Gedanken zu ihr gehen und ihr völlig vertrauen kann. Für uns war Religion nie ein Hindernis, nie ein Problem, viel mehr eine Bereicherung, noch ein Thema mehr, über das wir reden und diskutieren konnten. Ich kann nur jedem Menschen wünschen, eine solche Freundschaft zu genießen.

Es war wirklich eine tolle und fröhliche Hochzeitsfeier – bis auf die kleine Panne mit dem Priester. In der Ansprache an das Brautpaar vor versammelter Gesellschaft ließ dieser bereits leicht angeheiterte Mann folgenden Satz fallen: „Schätzt euch glücklich, dass ihr einander gefunden habt, und seid euch bewusst und dankbar darüber, dass ihr euch erwählt habt. Wir sind ja nicht in der Türkei, wo man sich vor der Ehe nicht kennt und zwangsverheiratet wird."

So überempfindlich wie ich bin – als Muslimin muss ich mich ja immer beleidigt fühlen –, nahm ich also diese Mücke und versuchte, einen Elefanten aus ihr zu machen. Ich fragte mich: Sollte ich aus Wut den Hochzeitstisch anzünden oder lieber empört herumschreien?

Im Spaß gesagt! Der Satz hat so ziemlich die gesamte Hochzeitsgesellschaft geschockt, zumal ich ja kurz darauf vorne stand und ein Gebet für das Brautpaar sprach. Ich dachte mir, dass es für diesen Priester das erste Mal gewesen sein muss, dass eine Muslimin an einer kirchlichen Hochzeit mitgewirkt hat. Das dürfte ihn dermaßen verwirrt haben, dass er so einen blöden Satz gesagt hat. Ich war nicht einmal verärgert. Es war mir nur unangenehm, dass sich danach so viele bei mir entschuldigten. Meiner Freundin und ihrer Familie war es sehr peinlich, ich habe nur darüber gelacht und versucht, ihnen das schlechte Gefühl zu nehmen. Warum sollte ich auch verärgert sein? Es ging an diesem Tag nicht um mich, das war der besondere Tag meiner Freundin und sie sollte sich nicht ärgern!

Eine lange Woche ist nun um und ich hoffe, niemand ist enttäuscht, dass bis jetzt kein gewalttätiger, böser Ehemann aufgetaucht ist: kein

Blutvergießen, keine Schläge, kein Zwang, kein Feuer, keine Wut – ja eigentlich gar nichts Sonderbares. MuslimInnen sind auch nur Menschen und verbringen ihre Tage und Wochen wie alle anderen. Wenn diese exemplarische, aus verschiedenen Erfahrungen und Erzählungen zusammengebastelte ganz gewöhnliche Woche für irgendwen doch so außergewöhnlich ungewohnt war, dann kann ich nur bitten, die Augen zu öffnen und sich von Paranoia und Entfremdung zu retten.

Es gibt sie, die muslimischen Frauen, die „ganz normal" ihr Leben leben und bestreiten wie andere Frauen auch: in ihrer Vielschichtigkeit und Unterschiedlichkeit. Ich widme diesen Text meinen Schwestern mit und ohne Kopftuch, den Ärztinnen, Anwältinnen, Technikerinnen, Lehrerinnen, Geschäftsfrauen, Journalistinnen, Arbeiterinnen, Modemacherinnen, Sportlerinnen, Arzthelferinnen, Buchhalterinnen, Hausfrauen, Kindergärtnerinnen, Akademikerinnen, Autorinnen, Künstlerinnen und vielen mehr. Sie leben und arbeiten in Österreich unauffällig und ohne im Rampenlicht zu stehen. Dort steht nur die Klischeefigur der muslimischen Frau, wie sie die meisten sehen wollen. Ich kann nur empfehlen, die Scheuklappen abzunehmen, den Kopf zu heben, sich umzuschauen und zu sehen, was nicht sichtbar gemacht wird.

Anmerkungen

1 „Anne" ist das türkische Wort für „Mama", während „Mama" in der türkischen Babysprache „Essen" bedeutet.

2 Sesamring

3 FPÖ-Parteiobman Heinz-Christian Strache, von seinen Fans liebevoll „HC" genannt.

4 Nachzulesen auf: http://www.ots.at/presseaussendung/OTS_20041127_OTS0005/profil-gewinnt-prozess-gegen-heinz-christian-strache

5 https://kurier.at/meinung/kommentare/innenpolitik/mehr-augenmerk-auf-problemregionen/30.828.010

6 https://www.profil.at/oesterreich/wien-wahl-mitten-zehnten-favoriten-5921926

7 http://diepresse.com/home/panorama/oesterreich/509487/Zivilcourage_Wie-mutig-sollen-wir-sein

Das Kopftuchmädchen

Kübra Gümüsay

„Ich habe seit einem Jahr nicht mehr gebetet.“

Ich höre, wie ich ihn ausspreche. Den Satz, den ich nicht einmal traute, zu mir selbst zu sagen. Der Satz, vor dem ich seit Monaten davonlaufe. Der Satz, der nicht ohne Konsequenzen bleiben wird. Der Satz, der mich entblößt, auszieht, mich hinterfragt, mich verzweifelt, mich verletzlich macht. Jetzt ist er raus, einfach so und steht im Raum. Zusammen mit einem Menschen, der eben noch meine Freundin war. Ich weiß nicht mehr, was sie jetzt ist. Ich weiß nicht mehr, wer ich bin. Die Stille im Raum zerreißt mich. Ich wünschte, ich könnte den Satz zurücknehmen. Diesen verdammten Satz, der mich entkernt, enttarnt. Dieser Satz, der jetzt im Raum steht und mich anstarrt.

*

Alle wissen, dass ich Muslima bin.

*

Endlich spricht sie. „Ich kenne das“, sagt sie leise. Ich atme wieder. „Mach einfach“, fährt sie fort. Mein Herz klopft wieder. Ich kann ihr noch immer nicht in die Augen sehen. Dann halte ich langsam meine Hände hoch und zeige ihr meine lackierten Fingernägel. „Ich habe immer einen Grund, es nicht zu tun“, flüstere ich und fühle mich dabei lächerlich. „Es liegt in seinem Ermessen, es abzulehnen oder anzunehmen. Nicht in deinem ...“, antwortet sie.

*

Ich trage ein Kopftuch.
Ich bin das Mädchen mit dem Kopftuch.
Ich bin das Kopftuch mit dem Mädchen.
Das Kopftuch trägt mich.

*

Im Bad wasche ich meine Hände im kalten Wasser. Ich möchte aufwachen. Mein Gesicht, meine Nase, meine Ohren, meinen Nacken, meine Arme, meinen Kopf, meine Füße. Ich möchte aus meinem Schlaf gerissen werden. Ich möchte fühlen. Die Kälte zieht meine Poren zusammen, ich friere nicht, ich spüre mich. Ich brauche kalten Schmerz, er tut mir gut.

*

Ich habe seit einem Jahr nicht mehr gebetet.
Das Kopftuch mit dem Mädchen hat seit einem Jahr nicht mehr gebetet.
Seit einem Jahr sehen andere das Kopftuch mit dem Mädchen, ich sehe nichts.
Wer bin ich jetzt?
Was bedeutet noch das Tuch auf meinem Kopf? Es ist nicht mehr mein Herz, es ist meine Hülle. Es ist nicht mehr mein Gefühl, es ist mein Mittel geworden. Mein Mittel gegen die Bedeutungslosigkeit. Es ist das, was mich definiert. Ich aber, ich definiere es nicht mehr. Ich kämpfe, aber ich weiß nicht mehr, wofür.
Was bleibt mir noch von meinem Ich?

*

Dann stehe ich vor Ihm. Einfach so. Mit lackierten Fingernägeln, zu kurzem Rock. Ich sage, dass Er groß ist, und fange langsam an, meinen Körper zu bewegen. Und Wörter, beruhigende, melodische, bedeutende Wörter, verlassen meine Lippen – durch meine Ohren drängen sie wieder in mich, rasen auf mein Herz zu. Dorthin, wo es stürmt. Meine Bewegungen sind mechanisch, automatisch, jahrelang eingeübt, routiniert, unvergessen, unbedeutend.

Meine Stirn berührt den Boden. Ich möchte mich ergeben. Ich möchte schnell weg, nein, ich möchte weitermachen, ich möchte es probieren, einmal zu Ende bringen, nein, ich möchte es nie wieder tun, nein, ich möchte für immer nichts anderes tun.

Ein Seufzer. Leere. Ich weiß nicht, was ich möchte. Ich fühle mich leer und voll zugleich. Ich neige meinen Kopf nach rechts. Warum? Ich neige meinen Kopf nach links. Wer bist du, frage ich mich. Und dann bin ich fertig. Es ist vorbei, das Gebet.

*

Ich bin das Kopftuch, das nach dem Mädchen sucht. Das Kopftuch, das nach seinem Sinn sucht. Ich bin das Kopftuch mit dem Mädchen und der Leere im Herzen.

*

Als Nächstes bleibe ich sitzen, weil es so ist. Jahrelang habe ich es so gemacht. Dreiunddreißig Mal wiederhole ich immer wieder drei Wörter.

Und wieder bleibe ich sitzen, trotz allem, hebe meine Hände und öffne sie, weil es so ist. Jahrelang habe ich es so gemacht. Jahrelang habe ich Ihm meine Gedanken, meine tiefsten Wünsche mitgeteilt, habe Ihn gebeten. Aber meine Lippen verlässt kein Wort. Welch Dreistigkeit, schreie ich in mich hinein.

Wie kannst du es wagen, Ihn zu bitten? Mit welchem Recht? Ich schreie und schreie in mir, bis mir meine Gedanken ausgehen, bis es still wird in mir, bis ich nichts mehr höre. Bis ich fühle. Ich fühle die Sehnsucht in mir. Ich spüre mich.

*

Wenn ich mich Ihm eine Spanne nähere, kommt Er mir eine Elle entgegen. Nähere ich mich Ihm eine Elle, kommt Er mir die Weite meiner ausgestreckten Arme entgegen. Und wenn ich zu Ihm gehend komme, läuft Er mir entgegen.
An diesem Tag kommt mir keine Bitte über die Lippen, aber ein Danke. Danke für den Funken im Herzen. Und er zündet.

*

Als ich wieder zu ihr gehe, sind meine Wangen nass, meine Knie weich, mein Herz pocht wild. Sie umarmt mich.
Ich habe mich ergeben.

Diese Geschichte ist die Geschichte einer Freundin. Aber sie könnte auch unser aller Geschichte sein. Die Geschichte aller kopftuchtragenden Frauen. Denn wir alle kennen sie, phasenweise. Das Ringen mit Vorurteilen, der Kampf gegen Missstände, das Rede-und-Antwort-Stehen für die Umwelt hatte uns den Glauben, die Spiritualität, entrissen, langsam und still, fast unbemerkt. Bis es nur noch der

Kampf um unsere Identität war. Bis es nur noch das Kopftuch war, das unsere Identität bestimmte.

Diese Geschichte ist auch ein Aufruf. Für mehr Raum für Spiritualität, für weniger Kampf. Für mehr Liebe für sich und andere, für weniger Verteidigung gegen Hass.

Er schaut nicht auf unsere Gestalten, sondern auf unsere Herzen.

Warum ich viele bin und warum wir alle eins sind

Soufeina Hamed

Letzte Woche kam sie wieder. Diese Frage. Manchmal kommt sie neugierig, manchmal argwöhnisch, selten sogar abschätzig. Warum ich denn ein Kopftuch trage. Eine an sich simple Frage. Angesichts der jahrelangen Debatten um Verbote, Emanzipation und Co. kann ich jedoch ein Seufzen kaum mehr unterdrücken. Denn ich kann nicht aufhören, mich mehr und mehr über die wachsende Masse an Assoziationen zu wundern, die mit diesem *Kopftuch* verbunden ist. Assoziationen, die im schlimmsten Fall Ängste, Sorgen und Misstrauen wecken.

Tatsächlich ist nämlich für mich das Kopftuch in meinem Glauben – überspitzt ausgedrückt – nebensächlich. Sicher, es ist mir persönlich wichtig und ich empfinde es als festen Bestandteil meiner Religion. Und dennoch sind für mich andere Aspekte meines Glaubens *so viel* bedeutender. Ein reiner Charakter, Dankbarkeit, Vertrauen auf und die Liebe zu Gott zum Beispiel. Es ist schon bemerkenswert, wie solche Werte problemlos in den Hintergrund geraten und sich von einem Stück Stoff die Show stehlen lassen. Es ist nicht nur bemerkenswert, es ist traurig.

Das Studium der Kognitions- und Sozialpsychologie hat mir geholfen, all das immer müheloser aus einer objektiven Perspektive zu betrachten. Ich habe gelernt, Debatten – auch innerislamische – weniger frustriert und verärgert zu verfolgen. Theorien zur sozialen Identität, zu Gruppenprozessen, Einstellungen und viele andere haben mir klargemacht, dass Menschen beispielsweise in ihrer Gruppenbildung oft vorhersagbar sind, egal, ob sie Muslime, Deutsche oder eben deutsche Muslime sind.

Die meisten Prozesse in unserem Gehirn laufen automatisch ab, weil sie sich in unserer Vergangenheit als sinnvoll erwiesen haben. Stereotypisierung ist zum Beispiel ein Prozess, der uns ermöglicht, mit geringstmöglichem Aufwand andere Menschen einzuschätzen. Je besser wir andere Menschen einschätzen, desto angemessener und einfacher können wir schließlich auf sie reagieren. Ich selbst neige zum Beispiel dazu, glatzköpfige deutsche Männer reflexartig zu umgehen. Das ist eine voreilige – man könnte meinen, fast schon (wortwörtlich) *diskriminierende* – Haltung meinerseits gegenüber Männern mit lichtem Haar. Besonders gut funktioniert Stereotypisierung übrigens, je *salienter*, also *auffälliger*, ein Merkmal ist. Sei es nun eine Glatze – oder eben ein Kopftuch.

Wichtig dabei ist, zu wissen, dass eine solche voreilige Schlussfolgerung auf Erfahrungen beruhen kann, ebenso aber auf falschen Annahmen. Das macht sie umso riskanter und eine bewusste reflektierte Haltung umso notwendiger! Dass ich glatzköpfige Männer umgehe, kommt nicht von ungefähr. Eigene Erfahrungen aus bestimmten Berliner Bezirken haben mich gelehrt, diesen Schluss zu ziehen bzw. dieses Vorurteil zu speichern. Dass er nur in die eine Richtung geht, begreift mein Instinkt jedoch nicht: Viele Rechtsradikale haben vielleicht eine Glatze, aber nicht alle Glatzköpfigen haben eine rechtsradikale Einstellung. Dass dieses Prinzip, dieser Fehlschluss, zum Beispiel auch auf Extremisten versus Muslime zutrifft, werde ich kaum näher erläutern müssen. Neben diesen psychologischen Prozessen spielen natürlich historische und soziologische Realitäten, wie etwa Rassismus und Sexismus, eine erhebliche Rolle. Die Annahmen, auf denen die Stereotypisierung basieren, sind dann nicht nur persönliche Erfahrungen, sie sind propagierte Weltbilder und feste Strukturen. Dies führt dazu, dass Vergleiche, wie der meine, mit Vorsicht genossen werden müssen.

Vor der Stereotypisierung geschieht allerdings noch ein anderer Schritt in unseren Köpfen. Bevor ich einer ganzen Gruppe bestimmte, evtl. *wertende* Merkmale zuschreiben kann, muss ich erst mal eine Gruppe *definieren*. Das fällt uns Menschen nicht sonderlich schwer. Wir fassen andere unglaublich gern und schnell in Gruppen zusammen, wir kategorisieren sie, wir packen sie in die altbekannten Schubladen. Das hilft uns nicht nur dabei, uns besser auf andere einstellen zu können, sondern auch unsere eigene Identität abzustecken. Denn wir selbst packen uns ebenso in Schubladen. Mit anderen Worten: Gruppenbildung hilft uns dabei, eine *soziale Identität* zu finden. Dass diese soziale Identität flexibel und keineswegs eindimensional ist, wird jedoch oft übersehen. Ob ich in erster Linie Muslimin, Deutsche, Tunesierin, Psychologin oder Künstlerin sei, ist zum Beispiel eine Frage, die mir oft gestellt wird, die ich aber weder beantworten kann noch will. Sie zu beantworten würde bedeuten, mich auf eine einzige Eigenschaft zu reduzieren. Sie würde bedeuten, die Vielschichtigkeit eines Menschen zu leugnen und ihm den Besitz mehrerer Identitäten zu verweigern. Tariq Ramadan, Islamwissenschaftler und Publizist, machte diesen Punkt sehr deutlich, indem er einmal treffend sagte: *„I am Swiss by nationality, Egyptian by memory, Muslim by religion, European by culture, universalist by principle“*.

Die Tatsache, ob jemand zu einer Gruppe zum Beispiel der Schweizer oder Muslime gehört, tritt vor allem dann hervor, wenn ein gemeinsames Gruppenmerkmal auffällig wird. Das Kopftuch ist zum Beispiel durch seine Sichtbarkeit ein häufig auffallendes Merkmal. Als einzige Kopftuchträgerin in einem vollen Hörsaal habe ich es wahrscheinlich schwerer, in der Masse unterzugehen (und mal blauzumachen ...). Erst recht, wenn es sich etwa um ein kulturgeschichtliches Seminar zur *frühen Geschichte des Islam* handelte. Wäre das Thema jedoch – sagen wir – *Civil Rights Movement*, würden sich schwarze Deutsche in dem Raum wahrscheinlich schneller als Gruppe wahrnehmen bzw. wahrgenommen werden. Mein *Muslima-Sein* würde in diesem Fall in den Hintergrund treten. Aber auch hier spielen Strukturen wie Rassismus und Sexismus eine wichtige Rolle. Denn was als „auffällig“ gilt oder als „anders“ wahrgenommen wird und was nicht, ist nicht dem Zufall geschuldet.

Diese intuitiven Gruppenbildungen sind oft unbewusst und führen zum Beispiel dazu, dass uns Mitglieder der eigenen Gruppe sympathischer sind. Sie können aber auch dauerhaft bewusst sein, wie zum Beispiel in meinem Fall. Als Kopftuch tragende Muslima vergesse ich selten meine *Gruppenzugehörigkeit*. Das Gefühl, durch dieses sichtbare Merkmal eine Art *Repräsentationsfunktion* zu haben, begleitet mich fast ununterbrochen in meinem Alltag. Darf ich schnell bei Rot über die Straße? Kann ich bei schlechter Laune einfach mal grimmig im Bus stehen? – Auch als *Muslima*? Müsste ich nicht immer herzlich, immer lächelnd, immer vorbildlich sein? Das sind Gedanken, die erfahrungsgemäß viele Muslime teilen. Es sind Gedanken, die einen in gewisser Weise vor dummen Taten schützen, die aber vor allem ermüden. Und sie sind nicht immer begründet. Denn ob ich wirklich mehr Aufmerksamkeit errege als andere oder ob mein Verhalten tatsächlich auf andere Mitglieder meiner „Gruppe" projiziert wird, kann ich nie beweisen. Nicht mal mir selbst. Ob es nun so ist oder nicht, spielt im Grunde auch keine große Rolle. Entscheidend ist, dass dieser Druck und diese Befangenheit existieren und nicht nur mich selbst betreffen und lenken. Sie haben ihre Ursprünge und verdienen Beachtung.

Psychologisch gesehen, neigen Menschen übrigens fast immer dazu, ihre eigene Gruppe positiv zu bewerten. Denn wenn unsere Gruppe schlau, mutig und einfach nur cool ist, dann sind wir es selbst auch. Doch diese eben erwähnte Sorge um vorbildliches Verhalten habe ich nicht nur, weil ich meine Gruppe positiv bewerten will. Mit meinem Lächeln in der Bahn und dem Stehenbleiben bei Rot will ich nicht nur ein positives Bild meiner Gruppe darstellen, ich will das Bild in gewisser Weise „reparieren".

Zähe öffentliche Debatten und unreflektierte mediale Darstellungen haben das Image des Islams in den vergangenen Jahren stark geschädigt. Ich könnte auch sagen: *meines* Islams. Denn von all diesem Schaden ist nicht nur das abstrakte Konstrukt einer Weltreligion, sondern bin ich selbst als Individuum betroffen. Wie anfangs erwähnt habe ich aber mit den Jahren gelernt, das Geschehen mit einem kühlen Kopf zu betrachten. Gleichzeitig habe ich erkannt, dass wir Muslime für eine Änderung selbst öffentlich werden müssen. Es genügt leider nicht, ein „guter Mensch" zu sein.

Tatsache ist, dass die muslimische *Community* in Deutschland sehr gut vernetzt ist und unglaublich viele kreative, engagierte und intellektuelle Köpfe birgt. Es ist aber wichtig, diese Potenziale noch stärker aufzudecken, mit ihnen über die Community hinaus zu wirken. MuslimInnen sollten es einerseits wagen, den sicheren Rahmen zu verlassen und noch mehr an die Öffentlichkeit zu gehen; andererseits muss die Öffentlichkeit die Möglichkeiten dafür bieten. In einem System, in dem Privilegien ungleichmäßig verteilt sind, liegt es an der Mehrheitsgesellschaft, die Rahmenbedingungen für empowernde Räume für Minderheiten zu schaffen.

Und ebenso wichtig ist es, *neue* Wege einzuschlagen. Ich habe mich früh in verschiedensten interkulturellen Dialogprojekten engagiert und mich im Rahmen meines Studiums viel mit Themen wie Interkulturalität und Diversität auseinandergesetzt. Doch letztlich habe ich einen ganz anderen Weg gefunden, der mir weit mehr Türen öffnen konnte. Einen Weg mit Comics und Cartoons.

Comics und Cartoons sind wunderbare Medien, um komplexe Sachverhalte simpel darzustellen. Vor allem im Zeitalter des Internets, das uns dazu drängt, in möglichst geringer Zeit möglichst viele Informationen zu verarbeiten, sind Bilder ideal: Sie können schneller verarbeitet werden und erreichen eine breitere Öffentlichkeit. Und ich habe festgestellt, dass sie es noch viel mehr tun, wenn sie mit Sensibilität und Humor ausgestattet sind.

Eine breitere Öffentlichkeit zu erreichen bedeutet gleichzeitig, in gewissem Maße eine größere Verantwortung zu tragen. Wenn ich die Kunst als Mittel nutze, um regelmäßig eine mir wichtige Botschaft auszudrücken, dann muss ich mir im Klaren darüber sein, *wen* ich erreichen will und mit *welchem Ziel.* Ich habe recht bald erkannt, dass mir drei Dinge in meiner künstlerischen Arbeit am Herzen liegen: Transparenz, Aufklärung und Empathie auf beiden Seiten. Mit *Transparenz* meine ich den offenen Umgang mit meiner Religion. Menschen, denen ein religiöser Alltag unbekannt ist, möchte ich die Gelegenheit bieten, durch meine Bilder die Bedeutung der Religion in meinem Leben ansatzweise nachzuvollziehen. Warum ich faste und welche Rolle das Gebet für mich hat, können Nichtmuslime sozusagen *erkunden.* Gleichzeitig will ich *Unschönes* nicht verbergen, sondern durch *Aufklärung* und eine Portion Humor für Themen wie

Diskriminierung sensibilisieren. Nicht zuletzt glaube ich, dass *Empathie* ein Schlüsselaspekt für ein wertschätzendes Miteinander ist. Sie schafft es, Distanz aufzubrechen, die vor allem dann überbrückt werden muss, wenn sie wertend wird und Ängste etabliert. Erst wenn ich mich in die Perspektive meines Gegenübers hineinversetzen kann, kann ich empathisch werden. Das gelingt besonders gut, wenn ich und mein Gegenüber bereits eine Gemeinsamkeit haben, auf die wir aufbauen können. Auch hier liefert die Psychologie viele spannende Erkenntnisse; Konflikte und Ängste zwischen Gruppen können zum Beispiel nicht nur durch simplen Kontakt und gemeinsame Ziele, sondern auch durch Verschiebung der Gruppengrenzen reduziert werden. *Meine* Gruppe und die *andere* Gruppe können zum Beispiel einer gemeinsamen übergeordneten Gruppe angehören. Fußballfans und Baseball-Liebhaber werden sich vielleicht nie darauf einigen können, welche Sportart die bessere ist. Aber die Liebe zum Sport an sich vereint sie. Sie ist die übergeordnete Gemeinsamkeit und Schnittstelle. Ebenso ist es beispielsweise mit MuslimInnen und ChristInnen, die sich in einigen Grundsätzen ihrer Weltanschauungen unterscheiden, als Gläubige dennoch eine gemeinsame Basis haben. Solch eine Basis zu finden und zu betonen ist ein effektiver Weg, aufeinander zuzugehen. Und die größte gemeinsame Basis ist nun mal unsere Menschlichkeit. Das ist auch einer der Ansätze, den ich mir in meinen Cartoons und Comics zu Nutze mache. Ich stelle beispielsweise zwei Geschehen/Situationen parallel dar, wobei eine der dargestellten Personen erkennbar muslimisch ist: Regen, auch wenn er ein Segen ist, ruiniert die „Frisur" – ob man nun ein Kopftuch trägt oder nicht. Kekse machen uns alle dick (wenn man sich nicht eines guten Stoffwechsels erfreuen kann) – ob es nun Weihnachtsplätzchen sind oder Ramadangebäck. Meine Bildinhalte sind also oft sehr simpel, sehr alltäglich. Sie thematisieren hin und wieder die Religion, Kultur und Identität, selten dagegen Politik, Extremismus oder Theologie im tieferen Sinne.

Auch das Kopftuch diskutiere ich ungern in seiner theologischen Bedeutung. Das Tuch spielt in meinen Bildern häufig nur die Rolle eines Merkmals, das uns äußerlich als Mitglieder einer bestimmten

Gruppe, der Musliminnen, erkennbar macht. Und wie man als Teil dieser Gruppe fühlt und handelt, darin liegt mein Fokus. Ich möchte dieses *Stück Stoff* mit seiner eingangs erklärten schweren Bürde entlasten, indem ich es mit simplen Alltagsszenen kombiniere. Ich möchte Nichtmuslime einladen, eine neue Perspektive einzunehmen, und Muslime selbst dazu anregen, mit weniger Frust die Debatte zu bereichern.

Trotz all dieser psychologisch vielleicht recht nüchternen Betrachtungen will ich abschließend eines betonen: Ich bin davon überzeugt, dass wir Menschen am ehesten erreichen, wenn wir mit ihnen von *Mensch* zu *Mensch* reden. Wenn wir uns gegenseitig mit mehr Verständnis, mehr Unvoreingenommenheit und mehr Mut zur Unvollkommenheit begegnen. Wir alle können an uns arbeiten. Denn obgleich die Denkprozesse, aus denen etwa Stereotype und Vorurteile resultieren, oft automatisiert in uns ablaufen: Es liegt an uns, sie zu kennen, zu reflektieren und zu hinterfragen. Wir müssen uns bewusst machen, dass sie unseren Alltag und unsere Beziehungen beeinflussen. Und damit die Gesellschaft selbst.

©tuffix

Zurück in die Zukunft: emanzipierte Öko-Punk-Musliminnen

Anja Hilscher

Es war in einem dieser schneereichen Winter – schon etwas länger her also – auf dem Weg zu Aldi. Ein PKW am Straßenrand war eingeschneit und steckte in der Parklücke fest. Gedankenverloren ging ich an dem Wagen vorbei, als mir plötzlich der laut aufheulende Ton des Motors ins Bewusstsein drang. Spontan blieb ich stehen. Ich sah dem hinter dem Steuerrad fluchenden und kämpfenden Mann ein paar Sekunden lang zu und suchte nach den richtigen Worten. Als er den Kopf kurz aus dem Fenster steckte, um besser sehen zu können, rief ich ihm freundlich zu: „Ähm … den Zweiten haben Sie aber drin, oder…?"– Achten Sie an dieser Stelle bitte auf meine vorsichtige Formulierung als Suggestivfrage, mit der ich dem Fahrer eine gewisse Intelligenz unterstellte. Völlig unbegründet, nebenbei bemerkt, denn der Zweite war *nicht* drin. Gerade deshalb fühlte sich der Fahrer vielleicht provoziert. Jedenfalls stieg er plötzlich aus, musterte mich interessiert und sagte dann:

„So was muss *ich* mir von *Ihnen* als Frau sagen lassen?"

„Sieht ganz so aus!", erwiderte ich, und fügte hinzu:

„Und dann noch von einer mit Kopftuch. Ganz schön bitter, was?"

Ein paar Sekunden sah mich der Mann verwirrt an. Er schien zutiefst verblüfft, dass jemand seine ihm selbst bis dahin unbewussten Gefühle so treffend in Worte gefasst hatte. Dann stieß er plötzlich seinen Zeigefinger auf meine imaginäre Brust (die de facto zehn Meter entfernt war). Er sagte: „Genau … das!!" Das Niveau dieser Unterhaltung war mir aber entschieden zu niedrig, außerdem brauchte ich wirklich dringend Kaffeefilter. Ich lachte kurz auf, grüßte und setzte dann meinen Weg fort. Nach ca. 200 Metern überholte mich der PKW, der im zweiten Gang offensichtlich keine Probleme gehabt hatte, aus der Parklücke zu kommen. Der Fahrer kurbelte das Fenster runter und rief mir zu: „Ich hab's nicht so gemeint ...!"

„Schon gut!", schrie ich zurück und freute mich, offensichtlich einen kleinen Beitrag zur Völkerverständigung geleistet zu haben. Vielleicht überlegt der Typ nächstes Mal eine Sekunde, bevor er eine hilfsbereite Kopftuchfrau anpflaumt!

Warum definieren sich gläubige Muslime eigentlich oft so stark über ihre Religion? Warum sieht sich eine muslimische Frau mit Kopftuch (heute ... im Gegensatz zu den Fünfzigern, als viele Frauen Kopftücher trugen) eigentlich in erster Linie als eine muslimische Frau mit Kopftuch? Warum stellen wir das immer so in den Vordergrund? Viele finden das nervig. Nun ja ... wegen Erlebnissen wie diesen! Sie sehen ja, dass ich mit meiner Analyse im Gespräch mit dem ausparkenden Mann ganz richtig gelegen hatte. Ich weiß ganz gut, in welcher Schublade ich stecke. Tatsache ist aber: Ich bin gar nicht *nur* muslimische Kopftuchfrau. Schon gar nicht in dem Sinne der vier F, wie gemeinhin angenommen: frömmelnd, fremdbestimmt, fanatisch, führerscheinlos? – Nö! Alles voll daneben! Der Islam ist höchstens eine Brille, durch die ich die Welt betrachte, und der Weg, den ich beschreite. „Scharia", nach „Allahu Akbar" wohl gegenwärtig das Wort mit dem höchsten blutdrucksteigernden Potenzial. Wissen Sie eigentlich, was es heißt? Es bedeutet „Weg zur Quelle"!

Ich denke, man muss kein Mystiker sein, um zu kapieren, was eine Wasserquelle in der Wüste symbolisiert: das Leben. Ohne Wasser kein Leben! Spirituell oder physisch. Schon Jesus wusste: „Der Mensch lebt nicht vom Brot allein!" Der Mensch hat physische Bedürfnisse ebenso wie psychische, soziale und spirituelle. Die Suche nach dem Sinn des Lebens ist in der menschlichen Natur verankert. Man kann diesen Trieb zwar hervorragend pervertieren und instrumentalisieren, aber niemals unterdrücken. Der Islam ist eine Religion im Sinne eines (Lebens-)Weges, den man geht. Und der führt, wenn ich's richtig verstanden habe, in Richtung Gott, nicht Richtung Shopping-Mall. Entscheidungen trifft man ständig. Mache ich jetzt mein Abendgebet oder mümmele ich weiter halale Gummibärchen und gucke dabei „Rambo“ zu Ende? Schreibe ich mich in der Uni für Sozialarbeit ein oder werde ich Werbepsychologe, um Jugendliche zum Rauchen zu verführen? Das alles sind Schritte auf unserem Lebensweg. Vielleicht macht mein kleines Beispiel deutlich, warum es aus muslimischer Sicht völlig unmöglich ist, Religion in die „Privatsphäre“ verbannen zu wollen. Islam lebt man im Alltag, nicht in der Moschee. Das Wort „Religion“ heißt, ins Arabische übersetzt, „Din“, also „Weg“. Einen Weg geht jeder, selbst ein Mönch – dessen Weg führt ins Kloster. Darüber sind sich Leute, die sich, im Gegensatz zu uns „Religioten“ für selbstbestimmt halten, nur nicht im Klaren. Aber das ist nicht mein Problem. Einen Weg geht man in jedem Fall: Manchmal bewusst – durch Entscheidungen, die man trifft –, manchmal unbewusst, indem man unversehens irgendwo reinschlittert.

Auch Frauen beschreiten Wege. Alle. Selbst, wenn sie ein halbes Jahrhundert nur den Flur im Harem rauf- und runterlatschen. „Der Weg der Frau“ – so lautete der Titel eines der kaffeefleckigen, zerlesenen Bücher, die bei uns zuhause früher herumlagen. (An alle Objekte aus meiner Kindheit, die Buchstaben trugen, erinnere ich mich sehr gut.) Frauen ließen sich früher in die Rolle der Hausfrau und Mutter drängen, und auch heute noch – in islamischen, aber auch anderen Gesellschaften, die religiös geprägt sind. Kinderkriegen ist da halt hoch angesehen – und das ist ein Job, den eben nur Frauen übernehmen können. In unserer Gesellschaft werden Frauen auch in Rollen gedrängt. Sie glauben es nicht? Dann verrate ich Ihnen hier eine unfehlbare Methode, sozialen Selbstmord zu begehen – vorausgesetzt, Sie sind ein 19-jähriges Mädchen: Verkünden Sie im Kreise Ihrer Freunde, Ihre Lebensplanung bestünde darin, erst mal Ihren Freund zu heiraten und ein Rudel Kinder in die Welt zu setzen. Dann könne man immer noch weitersehen. – Au weia …! Mir schwant gerade, dass ich soeben dabei bin, das Klischee von der erzkonservativen Islamkonvertitin zu bestätigen. Aber dann sei’s drum. Schließlich habe ich nicht gesagt, der Hauptlebenssinn jeder Frau müsse im Kinderkriegen bestehen (sonst sei Gott böse!). Nein. Das habe ich *nicht* gesagt. Ich habe lediglich betont, dass es auch in dieser Gesellschaft einen starken gesellschaftlichen Druck in Richtung auf einen bestimmten Lebensweg gibt. Als ich ca. zwölf war, las ich den EMMA-Jahresband meiner Mutter, deren Emanzipation sich damals so äußerte, dass sie keine Lust mehr hatte, zum Familieneinkommen beizutragen. Irgendwann entschloss sie sich, hauptberuflich meinem Vater auf der Tasche zu liegen. „Doch ...! War schon schön, sein eigenes Geld zu verdienen, früher ...!", schwärmt sie heute regelmäßig. Offensichtlich aber nicht schön genug, um auch nur einen Gedanken daran zu verschwenden, ob sie wieder arbeiten gehen wollte. Wozu auch. Mein Vater verdiente genug. Sie gab es lieber aus. Nicht, dass ich das als irgendwie vorbildlich hinstellen möchte. Ich bin inzwischen froh, arbeiten gehen zu dürfen. Aber das Vorbild meiner Mutter und anderer, wenig arbeitswilliger, emanzipierter Frauen mit weiten Röcken und bunten Blusen, die lieber in der Sonne saßen und herumphilosophierten als zu konsumieren und Geld zu verdienen, prägte mein Verständnis von Emanzipation. Wären sie Männer gewesen und hätten sie vor 2000 Jahren gelebt, wie Diogenes, hätte ihnen sogar Alexander der Große Respekt erwiesen. Vor vierzig Jahren galt frau immerhin noch als emanzipiert. Macht man dasselbe heute, ist man eine reaktionäre Muslima. Auch Alice Schwarzer propagierte damals übrigens eine weite, körperbedeckende Kleidung als Zeichen der Frauenemanzipation. „Lippenstift und hohe Absätze sind eine Aufforderung zur Vergewaltigung!", verkündeten Feministinnen damals. Man lasse sich diesen Satz auf der Zunge zergehen. Das ist sehr lange her. Feministinnen ziehen sich heute aus, nicht an. Zeiten ändern sich. Ebenso wie die Bedeutung von Symbolen – wie Kopftüchern oder lila Batikhosen.

Islamkonvertiten, so das Klischee, ändern ihren Namen, bringen bei jeder Gelegenheit arabische Floskeln an und ziehen ihre Identität von heute auf morgen einfach auf links. Ganz plötzlich werden sie fanatisch und sind nicht mehr wiederzuerkennen. Blödsinn!, sage ich. Klar: Fanatiker gibt es zahlreiche. Überall. Leute, die vom Saulus zum Paulus mutieren und sich binnen Kurzem um hundertachtzig

Grad ändern. Unter Politikern ebenso wie Angehörigen irgendwelcher Jugendkulturen ebenso wie unter Islamkonvertiten. Aber längst nicht auf alle trifft das zu. Was mein Verständnis von Emanzipation betrifft, hat sich in vielen Jahrzehnten recht wenig geändert: Emanzipiert sein bedeutet, herauszufinden, was man wirklich will, und dies dann auch umzusetzen. Egal, was der Imam sagt oder welchen Kurs Alice Schwarzer gerade fährt. Momentan definiert sie sich über ihre Islamophobie. Bis heute ist es ein schwieriges Unterfangen, westlichen Feministinnen klarzumachen, dass man nicht unbedingt eine multiple Persönlichkeitsstörung haben muss, um zugleich emanzipiert und muslimisch sein zu wollen. Überhaupt nicht. Es reicht, die EMMA zu kennen und nicht an Gedächtnisschwund zu leiden. Tatsächlich gab es im Frühislam zahlreiche Frauen mit reichlich Haaren auf den Zähnen. Da kann frau schon anknüpfen. Vorausgesetzt, auch nur ein Bruchteil der islamischen Überlieferungen stimmt, so lässt sich vom Propheten Mohammed das Bild eines sanftmütigen, stets lächelnden Mannes mit viel Respekt vor Frauen zeichnen. Seine erste Frau Khadidscha war eine weit ältere Geschäftsfrau, die um seine Hand angehalten hatte. Bei ihr suchte er Trost und Rat und lebte bis zu ihrem Tod in glücklicher Einehe. Erst zu Zeiten eines kriegsbedingten großen Frauenüberschusses heiratete er später viele Frauen – fast nur Witwen und Waisen –, mit denen er nur insgesamt ein Kind zeugte. Was gewisse Rückschlüsse auf seine Motive zulässt. Als dem „He-Man" unter den frühislamischen Anhängern, dem späteren Kalifen Umar, das Gerücht zu Ohren kam, die Frauen des Propheten gäben nicht nur zaghafte Widerworte, sondern zankten und diskutierten, dass es Alice Schwarzer eine helle Freude gewesen wäre, begab er sich zum Propheten. „Stimmt das etwa?", fragte er ihn entgeistert, nachdem er atemlos ins Zimmer gestürmt war. Der Prophet lag auf einer Matte aus Palmwedeln und ruhte. Es hieß, er soll als Antwort nur kaum merklich gegrinst haben. – O. k.! Ich will es nicht gezielt verfälschen! Die (männlichen) Übersetzer sagen, in Wirklichkeit habe er „gelächelt".

Wie Sie sehen, lässt sich eine Identität als bereits in zweiter Generation emanzipierter Frau bequem mit dem Islam vereinbaren. Ebenso wie Konsumkritik und Umweltbewusstsein. Konsumkritik ... warten Sie ... Das ist leicht! Konsum gab es damals nicht, und die Leute lagen ziemlich viel rum, um nachzudenken. Übrigens – Stichwort Diogenes – schon viel früher. Der Islam wurde ja nicht von Mohammed „gegründet", sondern vielmehr vollendet. Die Grundlagen der islamischen Lehre waren, dem Koran zufolge, immer dieselben. Seit Adam. „Islam" besteht also nicht aus bis ins letzte Detail ausformulierten, arabischen Gebeten, Bekleidungsvorschriften, Geboten und Verhaltenskodizes, sondern zunächst mal in gewissen, all dem zugrunde liegenden Grundlagen – zum Beispiel den Zehn Geboten und einer Reihe Tipps und Tricks, wie man es schafft, die auch halbwegs einzuhalten. Vor allem aber dem übergeordneten Ziel, nach einer spirituellen Quelle namens Gott zu suchen (im Koran auch schlicht als „das Leben" oder „die Wahrheit" bezeichnet). Feminismus, Konsumkritik? Abgehakt! ... habe ich noch etwas vergessen? Ach ja! Eine Identität als Muslima lässt sich völlig problemlos auch mit einem Öko-Image in Einklang bringen. An dieser Stelle möchte ich, um einer Überstrapazierung Ihrer Geduld vorzubeugen, ein kleines Gleichnis anführen. Sie kennen das schöne Bild von den Millionen Fliegen mit den befremdlichen Essgewohnheiten? Ganz ähnlich ist es im Islam. Die Tatsache, dass Millionen von Muslimen sich weder um Frauenemanzipation noch um den Erhalt der Umwelt scheren (oder wir, vermittelt durch ein einseitiges Medienbild, zumindest diesen Eindruck haben), sollte Sie nicht irritieren. Nur, weil Nordkorea sich demokratisch nennt, wollen Sie ja auch nicht die Demokratie abschaffen, oder? Islam ist, neben dem Buddhismus, vermutlich die tier- und umweltfreundlichste aller Weltreligionen. Nachlesen können Sie das zum Beispiel in dem Buch „Geliebte und andere Tiere", in dem der Stellenwert der Tiere in den monotheistischen Religionen verglichen wird. Während ich diese Zeilen schreibe, stiehlt sich, wie ich gerade merke, ein kleines Lächeln auf meine Lippen. Ich erinnere mich an eine Begebenheit vor einigen Jahren. Einem Bekannten hatte ich mein Buch „Imageproblem – das Bild vom bösen Islam und meine bunte muslimische Welt" zu lesen gegeben. „Sehr interessant!", lautete sein Feedback bei unserer nächsten Begegnung. „Anfangs hatte ich ja leichte Zweifel ... Allein die Kapitelüberschriften! Zum Beispiel: Islam – die Ökoreligion! Da dachte ich zuerst: ‚Ach du Scheiße! Jetzt dreht die völlig durch!'" – Tja. Meine Schuld ist es nicht, dass die Medien seit Jahrzehnten nur das hässliche Gesicht des Islams zeigen und diese Seite unbekannt ist. Auch hier gilt: Ist auch nur ein Bruchteil der islamischen Überlieferungen authentisch, so kann man mit Sicherheit sagen, dass der Prophet Mohammed ein großer Tierfreund war, der sein Kätzchen liebte und zahlreiche Anweisungen zur guten Behandlung seiner Mitgeschöpfe gab, mit denen er sich gerne auch mal unterhielt.

Wie Sie merken, sind Muslime (auch tuchtragende) also durchaus mehr als nur Muslime. Es ist kein Widerspruch, darüber hinaus auch eine Persönlichkeit zu haben. Das ist das große Missverständnis: Weder seinen Verstand noch seine Individualität muss man an der Schwelle abgeben, wenn man eine Moschee betritt. Immer wieder wird in Diskussionen um das islamische Kopftuch argumentiert, das Tuch sei ein „religiöses Symbol", vergleichbar mit dem Anarchie-Aufnäher oder dem Kreuzchen um den Hals. Das stimmt nicht. Während in der Bibel (im ersten Korintherbrief) das Kopftuch der Frau explizit erwähnt wird und ihre Nachrangigkeit gegenüber dem Mann symbolisiert, ist das im Koran nicht der Fall. Weder sollte mit der Kopfbedeckung ursprünglich die Zugehörigkeit zum Islam signalisiert werden (das dürfte einleuchten – früher bedeckten sich ja auch Juden und Christen die Köpfe!) noch die Zweitrangigkeit der Frau. Denn sowohl im Judentum als auch im Islam tragen Männer, zumindest im Gottesdienst, ebenfalls eine Kopfbedeckung. Das Kopftuch ist lediglich Teil der islamisch gebotenen bedeckenden Kleidung. Es ist Bekleidung – nichts weiter. Aus irgendeinem Grund, natürlich unter tatkräftiger Mithilfe meiner Glaubensgeschwister selbst, wurde das Kopftuch dann irgendwann doch zum Symbol hochstilisiert. Reiner Zufall übrigens, dass es nicht das linke Hosenbein oder der Stützstrumpf war. Dumm nur, dass keiner so recht weiß, wofür. Hierzulande mit Sicherheit jedoch für eins: dass es irgendetwas gibt, das der Trägerin wichtiger ist als Schönheit und gesellschaftliche Anerkennung. Zumindest im Westen wäre das mein zweiter todsicherer Tipp für sozialen Selbstmord: Setzen Sie ein islamisches Kopftuch auf!

Wirklich „nichtsymbolisch" wäre das Tuch natürlich erst, wenn nicht erkennbar wäre, wofür es steht. Zum Beispiel, weil es gar keins wäre (stattdessen vielleicht eine Kapuze oder Mütze) oder – besonders ausgefuchst! – so gestaltet, dass es mit einer anderen Weltanschauung in Verbindung gebracht wird. Man könnte sich zum Beispiel ein Tuch selber batiken oder eine riesige Wollmütze in Rasta-Farben stricken. Man darf dann nur nicht den Fehler machen, die Leute mit der Nase drauf zu stoßen, dass es eine „islamisch motivierte" Rastamütze ist. Warum nicht ein bisschen kreativer, experimentierfreudiger mit Rollen jonglieren und Vorurteilen spielen? Ich hoffe ja immer, dass bald mal einer anfängt. Wie bereits erwähnt, tragen im Islam traditionsgemäß auch Männer Kopfbedeckungen – Fez, Turban, Häkelmützchen, Palästinensertuch ... Neulich sah ich im Bus einen riesigen dicken, schwarzhaarigen Typen mit unproportional kleinem Kopf. Er trug eine enge schwarz-gelbe Kappe, die aussah wie ein Biene-Maja-Kostüm. Ich war total begeistert. Allerdings stellte sich heraus, dass der Typ doch kein muslimischer Biene-Maja-Fan war, sondern nur Anhänger von Borussia Dortmund. Schade eigentlich.

Prinzipiell gibt's das natürlich alles schon, besonders in Metropolen. Schicke Mainstreammode-Muslimas sowieso – „Mipster" nennen die sich (muslimische Hipster). Es gibt aber auch muslimische Punks (in den USA und Indonesien eine recht große Community) und vor allem Hiphopper. Ich kann Ihnen, gleich hier bei mir um die Ecke, sogar eine tuchlose Konvertitin mit grauen Dreadlocks zeigen. Man muss halt nur die Ecken kennen, wo man suchen muss. In den Medien erfährt man darüber allerdings nur selten etwas. So entspannte, bunte Muslime bringen keine Quoten. Leider. Übrigens stimmt es gar nicht, dass nur Frauen durch ihre äußere Erscheinung im Kreuzfeuer stehen. Jedenfalls nicht hinter den Moscheekulissen. Auch bei den Männern regt sich oft Protest, wenn junge „Neomuslime" sich unkonventionell anziehen. Eine Kapuze oder ein nach hinten gedrehtes, viel zu kleines Käppi wird oft als Gebetsmütze benutzt. Der Anblick seines Trägers beleidigt zuweilen – schon einfach, weil es so selten dämlich aussieht – Glaubensgenossen, die sich für seriöser halten. Das sind meist Ältere. Auch während der Niederwerfung herausguckende Unterhosen sind nicht dazu angetan, den Generationenkonflikt abzumildern.

Wer legt eigentlich fest, ob ein Symbol ein Symbol ist, und wenn ja, wofür? Der Sender oder der Empfänger der Botschaft? Gerne wird unterstellt, mein Tuch sei ein Symbol meiner Zugehörigkeit zur weltweiten islamischen „Umma" (Gemeinschaft), des Weiteren meiner Unterwürfigkeit und der Tatsache, dass ich eine ominöse Scharia – Handabhacken und überhaupt das ganze Programm – über das Grundgesetz stelle. – Okaaay? Dürfte ich vielleicht auch etwas dazu sagen?

Gemäß der vom Bundesministerium für Familie in Auftrag gegebenen Studie „Viele Welten leben" trägt die große Mehrheit der Kopftuchträgerinnen ihr Tuch freiwillig und aus „religiösen Gründen". Was nun recht wenig aussagt. Tue ich das prinzipiell auch? Ja. (Aber noch lange nicht nur deshalb.) Glaube ich, dass es ein unveräußerliches Gebot meiner Religion ist, dessen Nichteinhaltung unweigerlich dazu führen würde, dass ich in der Hölle schmoren werde, weil meine unverhüllte Schönheit fromme Männer auf den Pfad der Verderbnis führen wird? Nö. – Bin ich schöner mit Tuch? Dreimal nö! – Bin ich auf Identitätssuche? Zweifellos. Solange ich denken kann. Aber bitte keine voreiligen Rückschlüsse! Diesbezüglich ist nämlich mein ausgeblichenes, unislamisch aussehendes Baumwolltuch eher ein Stein im Wege als behilflich. Vielleicht führt dieser Ansatz uns auf dem Weg durch das Dickicht eines islamischen Unterbewusstseins tatsächlich weiter: Mit so einem nichtidentifizierbaren Objekt auf dem Kopf gerät frau nicht so schnell in Versuchung, sich von irgendeinem Kollektiv vereinnahmen zu lassen. Konkret gesagt: Auch mit einer rastafarbenen Strickmütze werden Sie sowohl von der deutschen Mehrheitsgesellschaft als auch von strengen Muslimen höchstens zähneknirschend toleriert. Aber auch Rastafaris werden Sie nicht uneingeschränkt als eine der Ihren akzeptieren. Spätestens dann nicht mehr, wenn Sie aus religiösen Gründen die erste Tüte ablehnen und den Gebetsteppich ausrollen. Tatsächlich kann gerade eine unkonventionelle Kopfbedeckung den Individuationsprozess also durchaus beschleunigen. Eh man sich's versieht, ist man eine Persönlichkeit. Hinzu kommt meine vage Vermutung, dass es, sofern die Motive auch nur ansatzweise lauter sind, für das Tragen eines solchen Jochs irgendwie eine Belohnung geben muss. Kennen Sie diese philippinischen Christen, die sich freiwillig ans Kreuz nageln lassen? Die tragen ihr Kreuz, wir tragen das Tuch. Belohnung gibt's im Islam für jede Mühe (übrigens die Bedeutung des Wortes „Dschihad"). Irgendwie und irgendwann. Zum Beispiel in Form von Selbsterkenntnis und interessanten Erlebnissen.

Neulich saß ich im vollbesetzten Zug. Auf der anderen Seite des Ganges, mir schräg gegenüber, saß in ca. drei Metern Entfernung eine Frau mittleren Alters – Typ alternative, uneitle Person –, die mit Wichtigerem beschäftigt war, als sich um ihr Aussehen zu scheren. Im Prinzip so wie ich, nur ohne Tuch. Unsere Blicke kreuzten sich ein paar Mal, bis sie plötzlich, aus heiterem Himmel und für alle gut vernehmlich, sagte: „Hallo! Tragen Sie das Tuch aus religiösen Gründen?" Nun leide ich weder an Sozialphobie noch neige ich selbst dazu, lange um den heißen Brei herumzureden. Trotzdem war ich etwas perplex. Ganz einfach deshalb, weil mir Derartiges in rund einem Vierteljahrhundert noch nie passiert ist. „Ja, genau!", antwortete ich, ebenso laut und vernehmlich für sämtliche im näheren Umkreis sitzenden Mitreisenden, denn andernfalls hätte sie mich nicht verstanden. „Ich bin nämlich MUSLIMA! Und das habe ich, ehrlich gesagt, noch nie erlebt: Dass mich jemand so direkt auf das Tuch anspricht." Als die Frau daraufhin etwas betroffen guckte, fügte ich hinzu: „Nein, verstehen Sie das nicht falsch. Ich finde das gut. Nur: Die meisten trauen sich nicht, und haben außerdem ohnehin kein echtes Interesse an dem Thema. Eine Freundin hat sich erst nach zwei Jahren zu fragen getraut. Anschließend sagte sie: ‚Islam? Ach, ehrlich? Ich dachte immer, du hättest eine Gehirn-OP gehabt.'" Das Gespräch setzte sich fort und einige Fahrgäste ließen nun kaum merklich ihre Bücher sinken und spitzten die Ohren. „Man hört und liest ja einiges davon!", entgegnete die Frau. „Meist nichts Gutes. Aber ich finde das sehr angenehm, wenn jemand so ‚angezogen' aussieht! Meine Töchter sind gerade in der Pubertät und die würde ich am liebsten auch verschleiern. Man weiß ja gar nicht mehr, wo man hingucken soll, wenn man mit denen redet – sogar ich als Mutter!" Dann näherten wir uns ihrem Zielort. „Ich muss jetzt leider raus!", sagte sie und erhob sich. Auf dem Gang rief sie mir zum Abschied zu: „Noch weiterhin viel Glück! Ich finde euch mutig!"

Ehrlich – ich kann mich nicht erinnern, dass mir so was schon mal passiert wäre. Beim Aussteigen musste ich darüber nachdenken und kam zu dem Schluss, dass sich bei uns was tut. Islamophobe Einstellungen sind gesellschaftsfähig geworden. Ich habe aber den Eindruck, dass es im Hintergrund auch eine zunehmende Zahl an Leuten gibt, denen das stinkt. Solche, die sich mit stigmatisierten Randgruppen im Allgemeinen und Kopftuchfrauen im Besonderen solidarisieren wollen – oder zumindest erst mal reden. Und das wär ja schon ein Anfang!

Brauchen wir einen muslimischen Feminismus?

Dudu Kücükgöl

Einer Untersuchung des Media Tenor Instituts zufolge sind 80 % der Nachrichten über den Islam negativ, oftmals mit Gewalt und Terror verbunden (El Menouar 2017, 230). Nachrichten über unterdrückte, muslimische Frauen und ihre Bekleidung machen einen wesentlichen Teil dieser Berichte aus (vgl. El-Sehity 2009, 65; Pinn/Wehner 1995, 17ff; Yegenoglu 1998, 39ff u. v. a. m.).

Nach wie vor dominiert in den Köpfen vieler Menschen und in der Öffentlichkeit das Bild der armen unterdrückten, muslimischen Frau – gebildete, selbstbewusste und emanzipierte, muslimische Frauen und Männer werden nur selten und vor allem als Ausnahmen wahrgenommen. Eine Umfrage des Instituts für Demoskopie Allensbach, die im Auftrag der Frankfurter Allgemeinen Zeitung durchgeführt wurde, ergab, dass 91 % der Befragten beim Stichwort Islam an die Benachteiligung von Frauen dachten (Frankfurter Allgemeine Zeitung, 22.11.2012).

Doch während sich Medien und Politik, rechte FrauenverteidigerInnen und sogar manche Feministinnen immer wieder bzw. immer noch über das Kopftuch der muslimischen Frau entrüsten, gibt es eine wachsende Anzahl junger MuslimInnen, die veraltete Stereotype überwunden haben und in einer neuen Realität leben: junge, muslimische Frauen und Männer, die gleichgestellt, respektvoll und in Partnerschaft leben, sich Haus- und Erwerbsarbeit teilen.

Ihre Realität ist genauso echt wie die Realität von muslimischen Frauen und Mädchen, die in patriarchalen Familien aufwachsen und im Gegensatz zu ihren männlichen Verwandten stark benachteiligt werden. Diese Realität soll in diesem Beitrag weder geleugnet noch beschönigt werden. Doch weil fast ausschließlich über die Zweitgenannten berichtet wird, ist das Frauenbild des Islams in den Köpfen vieler stark verzerrt und von Stereotypen geprägt. Ein solches Bild ist oftmals politisch nicht nur erwünscht, sondern auch erforderlich: Es geht dabei nicht um das Wohl der Frauen, sondern darum, sich selbst als besonders fortschrittlich zu deklarieren und MuslimInnen als grundsätzlich anders, rückschrittlich oder gefährlich zu brandmarken.

Der vorliegende Beitrag ist aber keine politische Antwort auf die jahrhundertealte, koloniale „Frauenbefreiungsrhetorik", sondern mir geht es darum, einer interessierten LeserInnenschaft – muslimisch und nicht muslimisch – einen Einblick in die Argumentationslinien und Anliegen muslimischer Feministinnen zu geben. Es ist hierbei wichtig zu erwähnen, dass sich der Beitrag primär auf muslimisch-feministische Ansätze in meinem Tätigkeitsfeld bezieht, also Österreich und den deutschsprachigen Raum. Ähnliche Diskurse werden aber auch in anderen Ländern wie in Frankreich, England, den USA oder Kanada geführt. Ganz anders sind Debatten oftmals in muslimischen Ländern, wo es viel größere Unterschiede gibt zum Beispiel zwischen der Türkei, Ägypten, Saudi-Arabien oder Malaysia.

Der Artikel ist in drei Kapitel unterteilt: Als Erstes werde ich auf einige islamische Grundlagen zum Thema Geschlecht und Geschlechterrollen im Islam eingehen. Danach folgt ein Einblick in die muslimische Geschichte. Im dritten Teil möchte ich auf den Begriff „islamischer Feminismus" eingehen und diesen erklären.

1. Islamische Grundlagen zum Thema Geschlecht

Oft erlebe ich in Diskussionen mit westlich sozialisierten Feministinnen, dass sie (katholisch geprägte) christliche Vorstellungen auf den Islam projizieren. Deshalb möchte ich hier auf Basis des Korans einige Grundlagen des Islams zum Thema Geschlechterrollen darstellen.

a) Allah ist nicht männlich oder weiblich

Der Islam ist eine strikt monotheistische Religion und unterscheidet sich im Gottesverständnis vom hiesigen, christlich geprägten Gottesbild. Der Glaube an die Einzigartigkeit, Einzigkeit und Absolutheit Allahs bedeutet auch, dass es nichts und niemanden gibt, das Ihm[1] ähnelt oder ähnliche Eigenschaften aufweist. In der Sura Al-Ichlas heißt es:

„Sprich: Er ist Allah, der Eine! Allah, der gänzlich Unabhängige! Er hat nicht gezeugt und wurde nicht gezeugt und niemand ist Ihm gleich." (112:1–4)

Diese kurze Sura (Kapitel des Korans) ist es, die Kinder meistens als Erstes lernen, um Gott kennenzulernen: Allah ist nur ein Einziger. Er ist allmächtig und braucht niemanden. Er hat keine Eltern und keine Kinder. Er ist wie nichts, das wir kennen. Darin steckt auch, dass Allah weder ein Mann noch eine Frau ist. Jede körperliche Vorstellung oder Darstellung Allahs ist insofern nicht möglich und auch theologisch mit einem Bilderverbot besetzt.

Oftmals erlebe ich, dass christliche Vorstellungen auf den Islam projiziert werden, die völlig unzutreffend sind. Als ich vor einiger Zeit einen Vortrag zu „Feminismus und Islam" in einem feministischen Verein in Wien hielt, plauderte ich vor Veranstaltungsbeginn mit den Organisatorinnen. Im Gespräch mit einer der Frauen ging es um die allgemeine, männliche Dominanz in monotheistischen Religionen und meine Gesprächspartnerin kritisierte, dass das schon dabei beginne, dass Gott männlich konnotiert sei – ja sogar explizit als Mann vorgestellt wird, wenn sich etwa Gott in der Gestalt Jesu als „Sohn" oder „Vater" manifestiert. Der eine wird in der Regel als langhaariger junger Mann, der andere als älterer bärtiger Mann dargestellt.

Für mich als Muslimin ist es dermaßen unmöglich, ein Geschlecht Gottes oder eine geschlechtliche Konnotation anzunehmen, dass ich nie auf die Idee gekommen wäre, es zu thematisieren. Für meine Gesprächspartnerin als christlich sozialisierte Frau war es hingegen selbstverständlich gewesen, Gott sogar bildlich als Mann zu denken. Bei ihr begann feministische Religionskritik deshalb schon mit dem Wesen Gottes.

Als ich ihr entgegnete, dass Allah kein Geschlecht hat und niemals als Frau oder Mann gedacht werden darf, entgegnete sie mir, dass auch der christliche Gott eigentlich kein Geschlecht hat. Jedoch würden die Bezeichnungen Sohn oder Vater, ihre Erscheinungsformen als männliche Menschen und das männliche grammatikalische Geschlecht des Wortes „Gott" es unmöglich machen, Gott nicht als Mann zu denken.

Das war für mich damals neu: Wenn wir MuslimInnen Allah kennenlernen, dann benutzen wir dazu Seine Worte, den Quran und die Aussagen des Propheten Muhammed (Friede sei mit ihm). Allah beschreiben wir ausschließlich mit den Worten und Aussagen, die Er für sich selber im Heiligen Buch verwendet oder die der Prophet Muhammed verwendet hat. Auch für Allah verwendet man das männliche Pronomen, aber es funktioniert tatsächlich ohne männliche Konnotation.

Ich meine, dass ich mit Gewissheit behaupten kann, dass Gott durch das männliche Pronomen im Arabischen nicht männlich wird, weil ich Gott in einer Sprache kennengelernt habe, die kein grammatikalisches Geschlecht kennt: In der türkischen Sprache gibt es kein grammatikalisches Geschlecht und auch keine Artikel. Folglich gibt es beispielsweise nur ein Wort für die dritte Person. Was im Deutschen „er/sie/es" ist, ist im Türkischen nur ein Buchstabe: „o". Wenn man das Geschlecht einer Person nennen will, dann muss man es anders explizit machen (zum Beispiel durch Bezeichnungen wie Bub, Mann, Frau oder Mädchen) – die Pronomen haben eine solche Implikation nicht.

Wenn sich durch das arabische, männliche grammatikalische Geschlecht des Wortes „Allah" eine männliche Konnotation ergeben hätte, müsste sie sich auch in der türkischen Sprache manifestiert haben und irgendwie zum Ausdruck kommen – das tut es aber nicht. Ganz im Gegenteil: Als ich erfahren habe, dass man im Arabischen das männliche Pronomen für Gott verwendet, war ich zunächst irritiert.

Die Diskussion mit den Frauen ließ mich auch an meine erste Zeit in Österreich zurückdenken: Als ich als Kind Deutsch gelernt habe, war das Lernen der Artikel und der grammatikalischen Geschlechter die größte Herausforderung für mich. Es war für mich sehr schwer, mir zu jedem Nomen ein Geschlecht und einen Artikel zu merken.

Als ich das erste Mal das Wort „Gott" gelernt habe, ging ich, türkisch und muslimisch sozialisiert, selbstverständlich davon aus, dass es „das Gott" heißen müsse. Gott konnte ja kein Geschlecht haben, weder männlich noch weiblich sein. Dass es aber „der Gott" und „Er" hieß, war befremdlich für mich. Ich habe deshalb lange Zeit vermieden, das Wort „Gott" zu verwenden oder „Er" zu sagen, wenn ich Gott meinte. Der Gedanke war mir so fern und fremd, dass ich als Kind dachte, es sei bestimmt eine Sünde, Gott mit einem männlichen Wort zu beschreiben – damals wusste ich nicht, dass Gott auch im Quran mit dem männlichen, grammatikalischen Geschlecht verwendet wird. Offensichtlich war es trotz der Verwendung des männlichen Pronomens möglich, ein Gottesbild ohne Geschlechtszuschreibung zu vermitteln.

All diese Erinnerungen kamen mir während der Diskussion. Ich merkte auch, wie sehr ich mich an die Verwendung des Wortes Gott gewöhnt hatte und wie problemlos ich jetzt „Er" oder „Sein" sagen konnte – ohne dabei an ein geschlechtliches Wesen zu denken. Ich glaube, dass die „99 Namen Allahs", die laut der islamischen Tradition Selbstbeschreibung Gottes sind, viel mehr Einfluss auf das Gottesbild haben als ein Pronomen. In diesen Namen finden sich nämlich auch Eigenschaften, die in unserer Gesellschaft eher weiblich konnotiert sind wie Sanftheit und Mitgefühl.

b) Die Schöpfung des Menschen

Auch die Schöpfungsgeschichte ist im Koran ein bisschen anders als in der Bibel. Die Erschaffung von Adam und Eva wird in der Sura An-Nisa wie folgt beschrieben:

„O ihr Menschen, seid euch eures Erhalters bewusst, Der euch aus einem einzigen Wesen geschaffen hat, aus ihm seinen Partner geschaffen hat und aus beiden viele Männer und Frauen sich vermehren ließ." (4:1)

Das islamische Bild der Schöpfung des Menschen geht davon aus, dass Mann und Frau aus einem Ur-Wesen erschaffen wurden. Die Vorstellung der Erschaffung der Frau aus dem Mann ist damit nicht im Koran begründet.

c) Der Sündenfall Adam und Evas

Während in der Bibel die Vorstellung der Eva als Verführerin vermittelt wird, vermittelt der Koran, dass die Schuld und der Fehler zur Ausweisung aus dem Paradies bei Adam liegen. In der Sura Ta-Ha warnt Allah Adam ausdrücklich vor Satan und seiner Verführung. Satan spricht dann zu Adam und erzählt ihm vom Baum und verspricht ihm ewiges Leben (vgl. Verse 20:115–120). Zum Sündenfall heißt es dann:

„*So aßen sie beide davon, und da zeigte sich ihnen ihre Blöße offenkundig, und sie begannen, Blätter des Paradiesgartens auf sich zusammenzuheften. So widersetzte sich Adam seinem Herrn, und da fiel er in Verirrung.*" (20:212)

An dieser Stelle ist es interessant, dass Allah nur Adam vor der Versuchung ausdrücklich warnt und auch Satans Bemühungen auf Adam konzentriert sind. Evas Rolle ist nicht die der Verführerin oder der Schwachen, die sich von Satan betrügen ließ. Es wird auch ausdrücklich nur Adam für die Sünde getadelt. Das Bild der Eva und Frau als Verführerin ist demnach nicht islamisch begründet. Sie wurde mit Adam aus dem Paradies verwiesen. Ihre Schuld ist, dass sie ihn nicht aufgehalten hat und mit ihm vom Baum gegessen hat. Auch ist es danach Adam, der seine Sünde bereut:

„*Da empfing Adam von seinem Herrn Worte, und darauf nahm Er seine Reue an. Er ist ja der Reue-Annehmende und Barmherzige.*" (2:37)

Die Ausweisung aus dem Paradies war die Folge des Ungehorsams, doch Gott hat auch dem Menschen nach der aufrichtigen Reue verziehen (folglich gibt es auch keine Erbsünde im Islam).

d) Gleichheit der Menschen vor Gott

Die Gleichheit der Menschen vor Gott wird im Quran mehrmals eindeutig festgehalten. In der Sura Al-Hudschurat heißt es:

„Ihr Menschen! Wir haben euch aus einem Mann und einer Frau erschaffen und euch zu Völkern und Stämmen gemacht, damit ihr einander kennenlernt. Doch der vor Gott am meisten Geehrte von euch ist der Gottesbewussteste unter euch. Allah ist fürwahr wissend, kundig.“ (49:13)

Allah stellt hier fest, dass die Ehrung vor Gott nicht vom Geschlecht oder von der Zugehörigkeit zu einer Gruppe abhängt, sondern vom Gottesbewusstsein. Ein weiterer bedeutender Quranvers in diesem Kontext ist:

„Wer rechtschaffen handelt, sei es Mann oder Frau, und dabei gläubig ist, den werden Wir[2] *ganz gewiss ein gutes Leben genießen lassen. Und Wir werden ihnen ganz gewiss mit ihrem Lohn das Beste von dem vergelten, was sie taten.“* (16:97)

Allah stellt hier unmissverständlich fest, dass das Geschlecht in der Beurteilung der Taten von Menschen keine Rolle spielt und dass Allah Frauen und Männern gegenüber gerecht ist. Für Gott zählt die Rechtschaffenheit eines Menschen unabhängig vom Geschlecht.

e) Die Beziehung von Mann und Frau

Über die Beziehung von Mann und Frau heißt es in der Sura Ar-Rum:

„Zu Seinen Zeichen gehört, dass Er euch aus euch selbst Partner schuf, damit ihr bei ihnen ruht. Und Er hat Liebe und Barmherzigkeit zwischen euch gesetzt. Darin sind fürwahr Zeichen für nachdenkende Leute.“ (30:21)

Die Beziehung zwischen Mann und Frau ist eine von Liebe und Barmherzigkeit geprägte. Allah hat den Menschen PartnerInnen gegeben, damit sie Ruhe in ihnen finden. An anderer Stelle heißt es, dass Mann und Frau einander Schutz und Wärme seien, so wie die Kleidung dem Körper: *„Sie sind euch ein Gewand und ihr seid ihnen ein Gewand.“* (2:187)

An dieser Stelle könnte ich viele weitere Quranverse anführen über den Umgang miteinander, die Prinzipien der Beratung in allen zwischenmenschlichen Belangen oder festgeschriebene Frauenrechte. Weil eine umfassende Darstellung den Rahmen dieses Artikels sprengen würde, möchte ich auf zwei Arbeiten muslimischer Frauen verweisen: „*Quran and Women*“ von Amina Wadud und „*Women in the Quran*" von Asma Lambaret. Auf Deutsch gibt es leider nicht so viel islamisch-feministische Literatur, aber es sei auf das Buch „*Islamische Feminismen*" von Zahra Ali verwiesen.

2. Die frühen muslimischen Frauen

Welchen Einfluss die Offenbarung auf die damalige Gesellschaft hatte, welche Wirkung der Koran auf die Frauen und Männer hatte, wie der Prophet Muhammed (Friede sei mit ihm) die Frauen zu vollwertigen und teilnehmenden Mitgliedern der islamischen Gemeinschaft machte, das zeigt sich am deutlichsten in den Biografien der frühen muslimischen Frauen und am Beispiel ihres Selbstverständnisses. Deshalb werden hier exemplarisch einige dieser berühmten und viel geachteten Frauen erwähnt.

a) Der Islam brachte den Frauen Verbesserung und Rechte

Bei all der negativen Darstellung des Bilds der Musliminnen und der medialen Verunglimpfung des Islams als frauenverachtende Religion werden sehr wichtige Tatsachen vergessen: Ab dem Beginn der Offenbarung des Qurans im Jahr 610 standen gesellschaftliche Reformen und vor allem die Verbesserung der Lage der Frauen im Fokus der Offenbarung und der prophetischen Aufgabe. Beispielsweise enthielt eine der ersten Offenbarungen das Verbot der damals weitverbreiteten, grausamen Praxis der Tötung von weiblichen Säuglingen durch lebendige Beerdigung:

„Wenn einem von ihnen die frohe Botschaft (der Geburt) eines Mädchens verkündet wird, bleibt sein Gesicht finster und er hält (seinen Ärger) zurück. Er verbirgt sich vor den Leuten wegen der schlimmen Nachricht, die ihm verkündet worden ist. Soll er es trotz der Schmach behalten oder es in die Erde begraben? Wie böse ist, was sie urteilen!" (16:58–59)

William Montgomery Watt (1906–2006), ein Priester und bekannter Professor der Islamwissenschaft, der 15 Jahre an der Universität von Edinburgh lehrte und dessen Werke im Westen zu den Standardwerken der Islamwissenschaft zählen, ruft in einem Interview im Jahre 1999[3] zu mehr Differenzierung auf:

"At the time Islam began, the conditions of women were terrible – they had no right to own property, were supposed to be the property of the man, and if the man died everything went to his sons. Muhammad improved things quite a lot. By instituting rights of property ownership, inheritance, education and divorce, he gave women certain basic safeguards. Set in such historical context the Prophet can be seen as a figure who testified on behalf of women's rights."

b) Das Selbstverständnis der frühen Musliminnen

Der Islam brachte muslimischen Frauen das Recht auf Bildung, auf Besitz und finanzielle Unabhängigkeit, Arbeit, Erbschaft, Scheidung und gesellschaftliche Teilnahme vor 1400 Jahren. Das bedeutete eine Revolution der damaligen Gesellschaft und war ein unglaublicher Fortschritt für die Frauen.

Doch wie wirkte sich die Botschaft des Islams auf die Frauen aus und mit welchem Selbstverständnis und Selbstbild handelten sie?

Innerhalb kürzester Zeit waren Frauen in allen gesellschaftlichen Bereichen tätig und präsent: Bildung, Politik, Wirtschaft, Wissenschaft – und sie nahmen sogar an Kampfhandlungen teil. Dazu gibt es viele Überlieferungen und einige von diesen Überlieferungen der ersten Musliminnen möchte ich erwähnen.

Die erste Person, die überhaupt zum Islam konvertierte und an die Botschaft des Propheten Muhammed glaubte, als nicht mal er sich der Botschaft sicher war, war seine Frau Khadidscha (vgl. Quran-Interpretationen zur Sura 73:1). Sie war für ihre Intelligenz und Weisheit bekannt und seine engste Vertraute und Beraterin. Darüber hinaus war sie eine wohlhabende Händlerin und schon in der vorislamischen Zeit eine angesehene Frau.

Die erste Person, die ihr Leben verlor, weil sie Muslimin war, war eine Frau: Sumayya gilt als erste Märtyrerin des Islams. Sie und ihr Mann Yassir waren Sklaven des Muhammed-Feindes Abu Jahl und unter den ersten MuslimInnen. Als er von ihrer Konversion zum Islam erfuhr, quälte er sie tagelang öffentlich. Weil sie seine Sklaven waren, durfte er mit ihnen machen, was er wollte – ohne Konsequenzen. Nachdem Sumayya sich weigerte, von ihrem Glauben abzulassen, und immer wieder ihren Glauben an Allah bezeugte, tötete er zuerst sie und dann ihren Mann.

Eine andere bekannte Gefährtin des Propheten war Nusaibah bint Kaab (auch bekannt unter ihrem Beinamen Umm Umarah). Sie war eine der Frauen, die aufgrund ihrer Stärke, ihrer Courage und Intelligenz sehr angesehen waren. Ihre erste bedeutende Rolle spielte sie bereits kurz nach ihrer Konversion zum Islam. Sie reiste als eine von nur zwei Frauen von Medina nach Mekka, um den Propheten Muhammed beim „Zweiten Schwur von Aqaba" persönlich zu treffen und ihm ihre Treue zu schwören[4].

Eine andere Überlieferung gibt es von ihrem Einsatz in der Schlacht von Uhud, beim Angriff der damals polytheistischen Mekkaner gegen die Muslime in Medina. Die Schlacht am Berg Uhud in der Nähe von Medina endete mit einer heftigen Niederlage für die Muslime. Viele bedeutende Prophetengefährten fielen, selbst der Prophet wurde verwundet. Nur wenige treue Ergebene konnten ihn gegen die gezielten Angriffe der Mekkaner verteidigen. Zunächst war Nusaibah bint Kaab mit der Versorgung der Verletzten beschäftigt, aber als sie bemerkte, dass der Prophet in Gefahr war, schnappte sie sich ein Schwert und stand an seiner Seite. Der Prophet erzählte später über sie: „Wohin ich mich auch drehte, nach rechts oder nach links, sah ich Nusaibah für mich kämpfen."

An diesem Tag war der Prophet so sehr von ihrem Einsatz und ihrem Mut gerührt, dass er zu Allah betete, dass sie mit ihm das Paradies betreten möge. Das ist insofern eine Besonderheit, als dass es nur wenige Gefährtinnen und Gefährten des Propheten gibt, denen bereits zur Lebenszeit das Paradies versprochen wurde. Diese Frauen und Männer werden als für das Paradies auserwählte Personen besonders geschätzt, ihre Geschichten werden sehr oft erzählt.[5]

Aber Frauen fanden auch für ihren kritischen Geist Anerkennung. Umm Salamah, eine der Frauen des Propheten, spielt eine bedeutende Rolle für die Offenbarung von Ayah 35 der Sura Al-Ahzab. Zum Kontext: Wenn im Quran ganz allgemein „die Gläubigen" oder „die Muslime" adressiert werden, dann passiert dies: Ähnlich wie im Deutschen sind im männlichen Plural die Frauen mitgemeint. Wenn in einem Vers nur Männer oder nur Frauen angesprochen werden, so wird dies eindeutig festgehalten. Allgemeine Beschreibungen hingegen sprechen Frauen und Männer an. Umm Salamah war damit jedoch nicht zufrieden und – obwohl sie als muttersprachlich arabisch sprechende Frau diese Eigenheit der arabischen Sprache kannte – fragte sie den Propheten: „Oh Gesandter Allahs, warum werden wir (Frauen) im Quran nicht so erwähnt wie die Männer?" Kurz darauf erhielt der Prophet folgende Offenbarung:

„Wahrlich, die muslimischen Männer und die muslimischen Frauen, die gläubigen Männer und die gläubigen Frauen, die gehorsamen Männer und die gehorsamen Frauen, die wahrhaftigen Männer und die wahrhaftigen Frauen, die geduldigen Männer und die geduldigen Frauen, die demütigen Männer und die demütigen Frauen, die Männer, die Almosen geben, und die Frauen, die Almosen geben, die Männer, die fasten, und die Frauen, die fasten, die Männer, die ihre Keuschheit wahren, und die Frauen, die ihre Keuschheit wahren, die Männer, die Allahs häufig gedenken, und die Frauen, die (Allahs häufig) gedenken – Allah hat ihnen (allen) Vergebung und großen Lohn bereitet." (33:35)

Diese kurze Geschichte stellt mehrere sehr wichtige Aspekte des damaligen Selbstverständnisses der Frauen dar:

Die Ansprache von Männern und das „Mitmeinen" von Frauen im Plural ist keine Eigenheit der arabischen Sprache. Umm Salamah wusste als Muttersprachlerin, dass Frauen „mitgemeint" waren, aber sie begnügte sich nicht damit und stieß sich daran, dass Frauen nicht explizit erwähnt wurden. Darin ist erstens eine allgemeine Sprachkritik, aber zweitens ihre Kritik als gläubige Frau speziell auf den Koran und damit die Worte Allahs bezogen.

Der Prophet tadelte sie als Gesandter Gottes nicht für ihre Kritik, er selbst hatte darauf keine Antwort. Kurz darauf beantwortete Gott nach muslimischem Glauben die Frage von Umm Salamah selbst und gab ihrem Anliegen mit der konkreten, gleichberechtigten Erwähnung von Frauen Recht.

Für mich als gläubige Muslimin bedeutet diese Überlieferung aber noch mehr. Allah hat Umm Salamah auserwählt und durch sie ein Beispiel für uns alle gesetzt, ein Beispiel, das nicht vergessen wurde und seit 1400 Jahren überliefert wird. Allah ermutigt in dieser Geschichte die Frauen, kritisch zu denken, ihre Meinung auszusprechen und sich für ihre Angelegenheiten einzusetzen. Allah lehrt uns direkt im Koran und mit dem Koran, dass wir uns nicht fürchten dürfen, Ungerechtigkeit anzusprechen oder zu fragen, was wir nicht verstehen (vgl. Koraninterpretationen zu diesem Vers).

Eine andere sehr bekannte Erzählung für den Mut und die Gelehrsamkeit von Frauen ist die Geschichte von Umar ibn Al-Khattab, dem zweiten Kalifen nach dem Tod des Propheten, und einer Frau, deren Name nicht bekannt ist. Umar wollte als Kalif die Höhe der Brautgabe zu seiner Amtszeit begrenzen – davor konnten die Frauen als finanzielle Absicherung verlangen, was sie wollten. Er fand, dass die Frauen zu hohe Brautgaben verlangten, und sprach dies vor der versammelten Gemeinschaft aus. Daraufhin stand eine Frau auf und zitierte einen Vers aus dem Quran, der keine Begrenzung der Brautgabe kennt. Sie fragte ihn: „Willst du begrenzen, was Allah uns frei gegeben hat?" Daraufhin gab der Kalif der Frau Recht und sah von dieser Regelung ab. Ohne ihr Wissen über den Koran und ihre Gelehrsamkeit hätte sie dem Kalifen nicht widersprechen können. Ihre theologische Expertise spielte eine große Rolle zur Abwehr der Beschneidung ihrer Rechte. Gleichzeitig ist aber auch interessant, dass Umar kein Problem hatte, mit der Kritik einer Frau umzugehen und einen Fehler öffentlich zuzugeben.

All die genannten Frauen, ihre Aussagen und Taten zeigen sehr deutlich, wie die frühen muslimischen Frauen ihre Rolle in der Gemeinschaft wahrnahmen und mit welchem Selbstverständnis sie politisch, wirtschaftlich, theologisch und erzieherisch aktiv und präsent waren. Die Überlieferungen aus der Zeit der ersten MuslimInnen sind voller Präsenz und Partizipation der frühen Musliminnen, aber auch voller Verständnis und Respekt der Männer, die mit diesen Frauen zu tun hatten und sie an ihrer Seite schätzten.

3. Wie sieht die Lage muslimischer Frauen heute aus?

Es ist unmöglich, an die Vergangenheit der MuslimInnen zu denken und sich nicht zu fragen: Was ist passiert, dass Frauen heute in vielen muslimischen Ländern und Gemeinschaften starker Benachteiligung ausgesetzt sind – oftmals sogar unter dem Deckmantel der Religion? Dass der Prophet mit den ersten MuslimInnen lebte, war eine Erziehung für sie und prägte zumindest ihre erste Generation. Aber danach scheinen sich durch die schnelle Ausbreitung des Islams patriarchale Strukturen und vor allem ein männlich dominiertes Religionsverständnis verfestigt zu haben. Die Tradition weiblicher Gelehrsamkeit ging zurück, das theologische Feld blieb Männern überlassen – bis heute sind weibliche, religiöse Autoritäten eher eine Rarität als die Regel.

Wir brauchen gar nicht in die Welt hinausgehen, bleiben wir in Österreich und fragen uns: Können alle muslimischen Frauen in Österreich ohne Diskussion die Schule oder eine Universität besuchen? Gibt es Mädchen, denen eine höhere Bildung verwehrt wird? Haben junge Frauen in ihrer Freizeit die gleichen Freiheiten wie ihre Brüder? Kann eine Frau unabhängig oder gar mit Unterstützung ihres Partners an ihrer Karriere arbeiten? Beteiligen sich Frauen und Männer gleichmäßig an der Erziehung von Kindern und an Hausarbeit? Sind Macht und finanzielle Ressourcen zwischen Frauen und Männern gleich verteilt?

Und diese Fragen betreffen nicht nur Musliminnen. Trotz der vielen Fortschritte auf rechtlicher Ebene leben wir auch in den meisten Demokratien noch in patriarchalen Gesellschaften, in denen Frauen nicht einen Bruchteil des Ansehens und der Macht der Männer genießen, in denen unbezahlte Familienarbeit Alltag für viele Frauen ist.

Was Musliminnen betrifft, wird vieles von der Ungleichheit und Diskriminierung im Familienleben und in der religiösen Sphäre theologisch argumentiert. Gerade deshalb ist die Wiederherstellung weiblicher, theologischer Autorität und weiblicher Gelehrsamkeit eines der Hauptanliegen muslimischer Feministinnen bzw. Frauenrechtlerinnen. Mit theologischen Argumenten wie den obigen können religiös argumentierte Benachteiligungen von Frauen nachhaltig und vor allem erzieherisch effektiv bekämpft werden.

Als Kind ging ich mit meinen Eltern in die Moschee und es fiel mir einfach immer auf, dass Frauen in der Moschee viel eingeschränkter waren als „im normalen Leben" draußen: Sie hatten weniger Platz, weniger Mitspracherecht und weniger Möglichkeiten, während sie genauso viel arbeiteten wie Männer. Für mich als moderne Frau war das ein Grund, mich von der Religion abzuwenden. Ich glaubte an Gott, aber ich glaubte nicht daran, dass das Seine Gerechtigkeit war. Ich war als Muslimin nicht bereit, religiös argumentierte Schlechterstellung und damit auch Entmenschlichung zu ertragen. Erst als ich die „Muslimische Jugend Österreich" kennenlernte, konnte ich meinen Glauben mit meiner Vorstellung von Geschlechtergerechtigkeit in Einklang bringen – in einer Community, die mir als Frau genauso viel – wenn nicht sogar mehr – Platz gab wie Männern.[6]

Es gibt jedoch inzwischen eine neue Generation von jungen Musliminnen und Muslimen, die alte Rollenmuster ablehnen und die Benachteiligung von Frauen als unvereinbar mit ihrer Religion sehen. Sie sehen Missstände in der muslimischen Community und lehnen sie durch ihr Islamverständnis und ihre Leseart der islamischen Texte ab. Sie setzen sich religiös begründet für Frauenrechte und Gleichstellung ein. Genau das macht ihre Stärke aus: Sie belehren die muslimische Community nicht von oben herab, sondern sie kritisieren sie mit religiösen Argumenten von innen und führen so einen Wandel herbei.

Doch die wenigsten Musliminnen und Muslime würden ihre Bemühungen um Geschlechtergerechtigkeit „Feminismus" nennen. Leila Ahmed schreibt in ihrem viel beachteten Werk „*Women and Gender in Islam*": *"Colonialism's use of feminism to promote the culture of the colonizers and undermine native culture has ever since imported feminism in non-western societies the taint of having served as an instrument of colonial domination."* (Ahmed 1992, 167)

4. Was ist „islamischer Feminismus“?

Margot Badran, Autorin des Buches „Feminism in Islam“ schreibt, dass es eine Priorität des islamischen Feminismus ist, sich mit den Grundlagentexten des Islams zu beschäftigen, weil die Praxis der Gleichstellung, die sich aus dem Quran und dem Leben des Propheten ableiten lässt, im Laufe der Zeit durch patriarchale Interpretationen behindert wurde. Weibliche Gelehrte überprüfen den Quran, Hadithe (Überlieferungen über den Propheten Muhammed) oder islamische Rechtsgrundlagen mit einem kritischen, weiblichen Blick und weisen oftmals nach, dass viele gängige Auslegungen auf Erfahrungen von Männern zurückgehen (Badran 2012, 46f). Sie setzen Überlieferungen in den gesellschaftlichen Kontext von Geschlechterverhältnissen und weisen entweder auf neue Interpretationsmöglichkeiten oder die Schwächen alter Interpretationen auf. Amina Wadud macht das in ihrem Werk „*Quran and Women: Reading the Sacred Text from a Woman's Perspective*“ (1999). Darin behandelt sie Quran-Verse, mit denen Gewalt gegen Frauen gerechtfertigt oder aus denen eine Überlegenheit von Männern gegenüber Frauen abgeleitet wird. Sie geht auf den historischen Kontext ein und schlägt Interpretationen vor, die das Arabische zulässt, die jedoch eher unüblich waren.

Badran beschreibt drei Ansätze feministischer Hermeneutik, die seitens muslimischer Feministinnen angewendet werden:

a) Die Überprüfung von heiligen Texten und Überlieferungen, um falsche Geschichten zu korrigieren.

b) Das Hervorheben von Texten, die die Gleichstellung von Männern und Frauen unterstreichen, und das Ankämpfen gegen Diskriminierung mit theologischen Texten (zum Beispiel so beim Thema Mehrehe, die Rolle von Frauen in Moscheen, Zwangsheirat usw. – in all diesen Bereichen gibt es klare Texte gegen Diskriminierung und für Gleichstellung).

c) Die Dekonstruktion der Texte, durch die männliche Vorherrschaft und Überlegenheit legitimiert wurde (Badran 2012, 48)

Verwunderlich für den/die westliche/n LeserIn dürfte sein, dass etwa das Thema Kopftuch kaum Platz in muslimisch-feministischen Debatten findet. Das hat mehrere Gründe: Erstens steht das Kopftuch für die überwiegende Mehrheit der Musliminnen als religiöses Gebot nicht zur Debatte. Auch wenn es gerade im europäischen Kontext viele nicht gerne hören wollen: Das Kopftuch – in all seinen unzähligen Erscheinungs- und Trageformen – gehört seit 1400 Jahren zur Glaubenspraxis muslimischer Frauen. Es ist nicht nur Alltag vieler muslimischer Frauen, sondern selbst Musliminnen, die es nicht tragen, stellen mehrheitlich das Gebot nicht infrage.

Zweitens finden überproportional viele Debatten vor begeistertem, nichtmuslimischem Publikum statt, ob das Kopftuch denn nun im Koran zu finden wäre oder nicht. Es wirkt so als ob es eine solche Diskussion tatsächlich gäbe, aber für die Mehrheit der MuslimInnen hat eine solche Frage keine Relevanz. Das Kopftuch als individuelle Entscheidung – außer in Ländern, die dazu Verbote oder Gebote haben – ist eine Frage der persönlichen Gewissensfreiheit. Viele Musliminnen beschäftigen sich mit dieser Frage im Laufe ihres Lebens und treffen eine Entscheidung – diese ist zu respektieren.

Drittens: Egal mit welcher Vehemenz einige vom Kopftuch als Zeichen weiblicher Unterordnung sprechen: Einen Beweis für diese Behauptung gibt es nicht. Es ist nur ein Mantra, das ständig wiederholt wird.

Als „Argument" dafür wird etwa angeführt, dass das Kopftuch eine Markierung für Geschlecht sei und daraus eine automatische Ungleichheit oder Unterordnung folge. All diesen Menschen wünsche ich viel Spaß im Kampf gegen lange Haare, Make-up, Stöckelschuhe und Frauenbekleidung ganz allgemein. Mit diesem Argument könnte man sich auch gegen Namen stellen, die auf das Geschlecht deuten.

Wieder andere sind gegen das Kopftuch, weil es in vielen Ländern (als Beweis werden genau zwei immer wieder angeführt) Verhüllungsgebote als Mittel zur Unterdrückung von Frauen gäbe. Manche fordern sogar solidarisches Ausziehen des Kopftuches seitens muslimischer Frauen. Dem kann man entgegensetzen, dass es viel mehr

Länder gibt, die Verhüllungsverbote kennen. Gerade hier und heute in unserem Kontext sind viele muslimische Frauen staatlicher und gesellschaftlicher Gewalt ausgesetzt, die sie dazu zwingen wollen, ihre Kopftücher abzulegen.

Oftmals gehen diese Argumente mit der Vorstellung einher, die eigene Position sei neutral. Wenn beispielsweise argumentiert wird, eine Richterin mit Kopftuch sei nicht neutral, möchte ich fragen: Warum soll eine Richterin ohne Kopftuch neutral sein? Nur weil die Mehrheit der Frauen in einem Land ihr Haar nicht bedeckt, heißt es nicht, dass dies „neutral" ist – außer man definiert neutral als das, was die Mehrheit tut. Mit genau dieser „Logik" könnten übrigens Kopftuchgebote in muslimischen Ländern argumentiert werden: Die meisten Frauen tragen ein Kopftuch und wer keines trägt, würde sich automatisch positionieren und nicht mehr neutral sein.

Es ist interessant, wie sehr wir in aktuellen Diskursen unter einem historischen Kurzzeitgedächtnis leiden. Es wird nämlich vergessen, dass das Kopftuch zuerst von seinen Gegnern durch Verbote zu einem politischen Statement gemacht wurde – nicht aber von seinen Trägerinnen. Die Fixierung auf die Kleidung von Frauen, das Bedürfnis, ständig darüber schreiben, reden und Gesetze dazu erlassen zu wollen, ist ein Merkmal sexistischer und patriarchaler Diskussionen.

Denn in den meisten, muslimischen Familien gibt es Frauen mit und ohne Kopftuch – ohne Debatten und ganz selbstverständlich. Wenn es keinen gesetzlichen Zwang zum Aufsetzen oder Absetzen gibt, der das gesamte Thema politisch auflädt, haben MuslimInnen einen lockeren und unverkrampften Umgang damit. Deshalb finde ich es wichtig, dass muslimische Feministinnen großen Wert auf Solidarität untereinander legen und sich sexistischen Debatten zur Äußerlichkeit von Frauen widersetzen, denn wir haben noch einen langen Weg gemeinsam zu gehen, bis weibliche, theologische Autorität wiederhergestellt ist und patriarchale Gesellschaftsstrukturen aufgebrochen sind – bis jede Frau so leben kann, wie sie es für richtig hält.

5. Das Kreuzfeuer der Kritik

Ein interessantes Phänomen ist, dass es viel Gegenwind gibt, sobald Musliminnen sich das Recht nehmen, für sich selbst zu sprechen, und versuchen, die Vielfalt an muslimischem Leben darzustellen, den veralteten Stereotypen neue, selbstbestimmte Bilder entgegenzusetzen. Manche nehmen sie nicht ernst, diffamieren oder ignorieren sie. Nicht selten stehen muslimische Feministinnen im Kreuzfeuer und werden von mehreren Seiten angegriffen. Auf diese Gruppen möchte ich im Folgenden eingehen.

Da gibt es einmal Feministinnen mit einem kolonialen Feminismusverständnis, die der Meinung sind, dass sie für alle Frauen sprechen können und entscheiden dürfen. Die postkoloniale und antirassistische Kritik am „white middle-class feminism", die seit den 90er-Jahren im „Third Wave Feminism" oder im „black feminism" Ausdruck fand und heute auch als „intersektionaler Feminismus" gilt, ist an manchen Feministinnen scheinbar spurlos vorbeigegangen. Diese Frauen glauben tatsächlich, dass die Erfahrungen weißer Mittelklassefrauen auf alle Frauen umgelegt werden können und dass das Geschlecht die einzig relevante Diskriminierungskategorie für Frauen darstellt. Dass viele Frauen daneben aufgrund ihrer Hautfarbe, ihrer Religion oder sozialen Herkunft andere Erfahrungen machen, wird oftmals ignoriert. Anstatt sich mit marginalisierten Frauen zu solidarisieren, stehen diese Feministinnen meist in einer Linie mit rechtspopulistischen PolitikerInnen und merken nicht, dass sie in ihrer Arroganz Frauen schaden, die ohnehin mehrfach diskriminiert werden.

Eine zweite Gruppe, die sich vehement gegen selbstbestimmte, muslimische Frauen wehrt, sind traditionelle MuslimInnen, die eine negative Einstellung dem Begriff „Feminismus" gegenüber hegen. Nach Jahrhunderten kolonialer und kolonial geprägter Verachtung ihrer Religion und Kultur sind sie davon überzeugt, dass der Feminismus ein „Übel des Westens" sei: ein islam- und familienfeindliches Konzept. Diese Einstellung habe ich als eine Reaktion auf die ideologischen Folgen des (Post-)Kolonialismus erlebt. Denn schon vor Jahrhunderten wurde die „Befreiung der muslimischen Frau" zur

Legitimation gewalttätiger oder politischer Interventionen herangezogen. Beispiele aus der Geschichte gibt es viele: Sei es die französische Besatzung Algeriens, die britische Kolonialherrschaft in Ägypten oder historisch jünger die „Befreiung" der afghanischen Frau im Zuge des völkerrechtlichen Angriffs der USA[7].

Deshalb entgegnen MuslimInnen, wenn sie vom Feminismus hören, oftmals mit „Argumenten" wie: „Allah hat der muslimischen Frau bereits alle ihre Rechte schon vor 1400 Jahren gegeben". Es brauche keine eigene Bewegung oder einen Feminismus: Die muslimische Frau sei bereits durch den Islam befreit. Sie vergessen dabei, dass muslimische Feministinnen ihre Rechte auf Mitsprache, Repräsentation, Partizipation und Selbstbestimmung auch nicht von Gott, sondern von einer Gesellschaft einfordern, die durch patriarchale Strukturen und eine männlich dominierte Auslegung der Religion Frauen daran hindert, so zu leben, wie sie es möchten.

Die dritte Gruppe, von der es viel Gegenwind gegen muslimische Feministinnen gibt, sind die sogenannten „Kronzeuginnen": Sie sind muslimisch sozialisierte Menschen, die jedoch das orientalistische, rassistische und sogar islamophobe Bild des Islams übernommen haben. Ihr Islambild entspricht dem der religiösen Extremisten. Sie sind nicht nur ahnungslos in Bezug auf den Islam, weil sie hauptsächlich Komplexe verinnerlicht haben, sie haben oftmals auch ein sehr beschränktes und veraltetes Verständnis vom Feminismus. In der Konstruktion des „bösen Islams" übernehmen sie die Funktion der „authentischen Islamkritikerinnen". Egal, wie wenig sie über den Islam wissen, ihre ethnische Herkunft oder ein orientalisch klingender Name dienen in der Öffentlichkeit als einzige Legitimation und Qualifikation. Betitelt als „Islamkritikerinnen", „liberale Musliminnen" oder „Ex-Musliminnen" oder neuerdings sogar als „liberale Imaminnen" geht die Steilheit ihrer Karriere damit einher, wie sehr sie im gesellschaftlichen Diskurs dazu taugen, die weitere Entmenschlichung von MuslimInnen voranzutreiben und rassistische Politiken zu rechtfertigen.

Sie werden als jene inszeniert, die sich endlich trauen, Unaussprechliches auszusprechen, während über ihre Lieblingsthemen

Zwangsheirat, Zwangskopftuch, Ehrenmorde, Extremismus usw. sowieso ständig gesprochen wird und all diese Themen überproportional thematisiert werden. Dabei spielt meist die persönliche Opfererfahrung der Kronzeuginnen eine wichtige Rolle: Erst diese authentische Opfererfahrung immunisiert sie moralisch gegen den Vorwurf des Rassismus[8] (Shooman 2014, 113f).

Während die meisten Musliminnen am Sprechen gehindert werden oder nicht zu Wort kommen, werden diese Musliminnen oder muslimisch sozialisierten Frauen von vielen Seiten eingeladen zum Sprechen. Ihre Rede und ihre Werke werden bejubelt, ausgezeichnet. Sie bekommen Plattformen, Raum und Ressourcen, denn wenn sie sprechen, sprechen sie, um unfaire, gesellschaftliche Machtverhältnisse zu stabilisieren. Wenn sie sprechen, dann in der Rolle als Belastungszeuginnen gegen andere Musliminnen. Das Ziel ihrer Rede ist es, den herrschenden Diskurs zu bestätigen und die Andersbehandlung und Ungleichbehandlung von MuslimInnen zu legitimieren.

Leider macht die Aggressivität des Diskurses, die muslimische Frauen von mehreren Seiten entgegenschlägt, dringend notwendige und besonnene Diskussionen schwer bis unmöglich. Das Fehlen wohlgesonnener, humaner Kritik und die unglaubliche Lawine aus Hass, die muslimischen Frauen als Reaktion auf öffentliche Meinungsäußerung entgegenschlägt, bringt viele dazu, lieber zu schweigen – und das ist letzten Endes Ziel dieser Gruppen: Muslimische Frauen sollen, nein, sie müssen, schweigen, damit das Narrativ, das sie erzählen, unhinterfragt akzeptiert wird. Muslimische Frauen, die Widerrede leisten und dem Sexismus, dem Patriarchat, männlicher, religiöser Dominanz und dem Rassismus die Stirn bieten, sind deshalb nicht gern gesehen. Dabei begründet ihre Existenz schon Widerstand. Um es mit dem französischen Philosophen Michel Foucault zu sagen:

„Wo es Macht gibt, gibt es Widerstand. Und doch oder vielmehr gerade deswegen liegt der Widerstand niemals außerhalb der Macht."

Anmerkungen

1 Entsprechend der arabischen Verwendung wird für Gott das männliche Pronomen „Er“ verwendet, das keine Implikation auf ein Geschlecht bedeutet – dazu mehr weiter unten im Text.
2 Es handelt sich bei diesem „Wir“ um einen Majestätsplural, damit ist Gott alleine gemeint.
3 Online abrufbar auf: http://www.alastairmcintosh.com/articles/2000_watt.htm
4 Der Erste Schwur von Aqabah war, als 12 zum Islam konvertierte Männer aus Medina dem Propheten ihre Treue schworen. Der Prophet sandte daraufhin Musab bin Umair mit ihnen nach Medina, um die Botschaft des Islams dort zu predigen. Im Jahr darauf kamen 73 Männer und zwei Frauen zum Zweiten Schwur von Aqabah und kurz darauf wanderten der Prophet und die junge Gemeinschaft aufgrund der Repressalien von Mekka nach Medina aus.
5 Nachzulesen im Buch von Ghadanfar, Mahmud Ahmad (2001):„Great Women of Islam. Who were given the good News of Paradise“.
6 Zur Rolze von Frauen in der Muslimischen Jugend Österreich siehe: Aktar, Maham: Frauen in der MJÖ. Wie eine Männerorganisation zu einer feministischen Organisation wurde, in: Hafez, Farid/Heinisch, Reinhard/Kneucker, Raoul/Polak, Regina (Hg.) (2016): Jung, muslimisch, österreichisch. Einblicke in 20 Jahre Muslimische Jugend Österreich, Wien.
7 Mehr dazu: Kumar, Deepa (2012): Islamophobia and the Politics of Empire.
8 Den „Kronzeuginnen“ der Islamkritik hat Yasemin Shooman (2014) in ihrem Buch „... weil ihre Kultur so ist“ sogar ein Kapitel gewidmet: S. 83–125.

Literatur

Ahmed, Leila (1992): Women and Gender in Islam: Historical Roots of a Modern Debate, New Heaven.

Badran, Margot (2012): Islamischer Feminismus: Was steckt dahinter? In: Ali, Zahra (Hg.): Islamische Feminismen, Wien.

El Menouar, Yasemin (2017): Muslimische Religiösität – Problem oder Ressource. In: Antes, Peter/Ceylan, Rauf (Hg.): Muslime in Deutschland. Historische Bestandsaufnahme, aktuelle Entwicklungen und zukünftige Forschungsfragen, Wiesbaden.

El-Sehity, Magda Mariam (2009): Islamophobie in den österreichischen Tageszeitungen – eine kritische Diskursanalyse. Diplomarbeit, Wien.

Frankfurter Allgemeine Zeitung (22.11.2012): Die Furcht vor dem Morgenland im Abendland, online abrufbar auf: http://www.faz.net/aktuell/politik/

inland/allensbach-studie-die-furcht-vor-dem-morgenland-im-abendland-11966471.html [10.6.2017]

Pinn, Irmgard/Wehner, Marlies (1995): Europhantasien. Die islamische Frau aus westlicher Sicht, Duisburg.

Shooman, Yasemin (2014): „... weil ihre Kultur so ist". Narrative des antimuslimischen Rassismus, Bielefeld.

Yegenoglu, Meyda (1998): Colonial Fantasies. Towards a Feminist Reading of Orientalism, New York.

Einzigartig vielfältig

Haliemah Mocevic

Es ist das Glück des Menschen, ein anderer unter Gleichen zu sein. (Plato)

Ich stehe im Musiksaal der Schule und beginne schon mit den Vorbereitungen für die geplante Kick-off-Veranstaltung. Ich bin die Erste, die vom Uni-Team eingetroffen ist. Heute soll unser Mentoringprojekt, auf das wir lange hingearbeitet haben, in die Pilotphase starten: SchülerInnen, die in ihrer Lebenssituation nicht die optimalen Rahmenbedingungen zur Entfaltung ihres Potenzials vorfinden, sollen von engagierten Lehramtsstudierenden begleitet und gefördert werden. Als PsychologInnen ist es unsere Aufgabe, theoretische Konzepte für das Projekt zu erarbeiten, die MentorInnen auszubilden, fortlaufend zu supervidieren sowie schließlich die Ergebnisse des Projekts wissenschaftlich zu evaluieren. Während ich das mitgebrachte Material auspacke und auf meine KollegInnen aus der Universität warte, öffnet sich die Tür und eine Lehrerin tritt ein. Verwundert schaut sie mich an. „Die Abendschule ist daaaa drüüüben!" Sie hält die Tür mit einem Bein offen und zeigt den Gang hinunter. „Wie bitte?" Ich verstehe nicht, was sie meint, und schon gar nicht, warum sie so langsam und betonend zu mir spricht. Jetzt betrachtet sie mich genauer. „Du bist Schülerin der Abendschule, oder? Das ist der falsche Raum. Was machst du denn hier?", fragt sie.

Das erinnert mich an das kleine Ich-bin-ich, das ständig „Nanu, wer bist denn du?" gefragt und skeptisch als nicht zugehörig betrachtet wird. Was geht wohl im Kopf dieser Frau vor? Hatte sie etwa nicht gewusst, dass das Uni-Team zur Vorbereitung kommen würde? Doch, sie wusste Bescheid. Warum also gelingt diese einfache Schlussfolgerung nicht, dass ich wohl eine Person von der Uni sein muss, die sie ja erwartet hatte? Was sieht sie, wenn sie mich anschaut? Offenbar sieht sie mich nicht in der beruflichen Rolle, in der ich vor Ort bin, sondern sie sieht nur *die Kopftuchträgerin* in mir. Ohne mich eines zweiten Blickes zu würdigen, hat sie mich sofort in die Schublade *der Kopftuchfrauen* gesteckt. *So eine Frau* gehört für sie in die Abendschule, wo sie ihren Schulabschluss nachholen kann, nicht aber an die Universität. Ist dieses Klischeebild der bildungsfernen Muslimin so stark, dass sie nichts anderes wahrnimmt? Selbst die Projektmitarbeiterin, die sie eigentlich erwartet hatte, erkennt sie offenbar nicht. Den Kontext, der gegen dieses Bild spricht, zum Beispiel die Tatsache, dass ich Projektmaterial mithabe und dabei bin, den Raum für die Veranstaltung vorzubereiten, blendet sie offenbar aus. Sie reduziert mich auf das Tuch, das ich auf dem Kopf trage. Dieses Merkmal gehört ihrer Auffassung nach in eine andere Kategorie als die der Projektmitarbeiterin.

Ja, klar, wir machen das alle: Wir ordnen Menschen bei der ersten Begegnung aufgrund bestimmter Merkmale sofort unterschiedlichen Gruppen zu und verlassen uns dabei auf unser (vermeintliches!) Wissen über diese Gruppen. Dieser einfache, kognitive Kategorisierungsprozess, der sich in Sekundenschnelle beim ersten Eindruck abspielt, hat weitreichende Folgen. Er löst nämlich auch gleichzeitig ein „Wir-gegen-sie-Denkmuster" aus, wie der Sozialpsychologe Henri Tajfel in seinen Untersuchungen fand. Es ist auch eine Einteilung in Eigen- und Fremdgruppe, die eine Ausgrenzungs- und Benachteiligungsdynamik auslöst. Ein Experiment von Jane Elliot, einer Lehrerin, die 1970 die Kinder einer Schulklasse nach deren Augenfarbe in Gruppen einteilte, zeigt das eindrücklich: Kinder mit derselben Augenfarbe bevorzugten sich gegenseitig und begannen die MitschülerInnen mit anderen Augenfarben als unterlegener zu betrachten und diese unfair zu behandeln. Dieser Mechanismus der Eigengruppenbevorzugung setzt auch dann ein, wenn die Gruppen, in die wir eingeteilt werden, nach völlig willkürlichen Kriterien hergestellt werden.

Zurück zu Mira Lobes Ich-bin-ich. Die Dynamik ändert sich in eine positive Richtung, als das Tier seine vielfältige Einzigartigkeit erkennt und diese auch von anderen anerkannt wird. „Alle Tiere freuen sich. Alle sagen ‚Du bist Du!'". Sieht die besagte Lehrerin in mir *nur die Muslimin*, verhält sie sich ganz anders, als wenn sie die Psychologin, die Projektpartnerin, in mir wahrnimmt. Im Laufe des Abends stellen wir übrigens fest, dass wir einige Gruppenzugehörigkeiten gemeinsam haben: Abgesehen davon, dass wir beide Frauen, Salzburgerinnen sind und uns beide für die Förderung junger Menschen im Bildungsbereich einsetzen, gehören wir beide auch zu der Gruppe der Kaffeegenießerinnen – und wir trinken ihn beide ungesüßt.

Wenn wir unsere Gemeinsamkeiten genauso anerkennen wie unsere Unterschiede, könnten wir gut auf Augenhöhe zusammenarbeiten und unsere gemeinsamen Ziele erreichen. Auch in der Schule stellen Anerkennung und Zugehörigkeit entscheidende Faktoren dar, die zur Potenzialentfaltung beitragen. In einer Gesellschaft der Vielfalt sind Zugehörigkeiten nicht auf selbstverständliche Weise miteinander verknüpft: Weder kann man von der Hautfarbe automatisch auf die Sprachkenntnisse schließen, weder vom Geburtsort auf die Religion noch von der Kleidung auf die Fähigkeiten eines Menschen. Wir alle sind Individuen mit unterschiedlichen Hintergründen, Werten, Motiven und Lebensentwürfen, die vor allem eines gemeinsam haben: Jede/jeder will in seiner/ihrer vielfältigen Einzigartigkeit anerkannt werden, ohne einen Teil von sich leugnen zu müssen.

Diese Anerkennung ermöglicht dem kleinen Ich-bin-ich in seiner Einmaligkeit, seine Potenziale zu entfalten, ein gesundes Selbstbewusstsein zu entwickeln und die Gemeinschaft zu bereichern.

So kann ein solidarisches „Wir" entstehen. Das wünsche ich mir unter uns Frauen mit unterschiedlichen Selbstkonzepten – dass wir zusammenhalten und uns gemeinsam für Selbstbestimmung und gegen Benachteiligung einsetzen, anstatt uns gegenseitig abzuwerten oder auszugrenzen. So vielfältig wir auch sind, so ist unsere Einzigartigkeit doch das, was uns verbindet.

Passend oder unpassend? – Die Kunst des Sprechens

Maisa Pargan

Die sprachliche Kompetenz ist für die Teilhabe am gesellschaftlichen Leben in unserer Gesellschaft sehr wichtig. Sprache hat auch eine Machtposition, vor allem dann, wenn man diese missbraucht. Das Problem, das dann auftaucht, ist die sprachliche Diskriminierung, die täglich in den Medien, in erster Linie im Fernsehen und in den Tageszeitungen zu finden ist, die sich gegen Ausländer, Zuwanderer, religiöse und auch gegen ethnische Minderheiten richtet. Menschen werden nicht als Individuen gesehen, sondern nur als Angehörige von Gruppen, Minderheiten und als solche kategorisiert und etikettiert. Der Diskriminierungsjargon, den man täglich auf der Straße zu hören bekommt, ist sehr vielfältig. Angefangen von Sätzen wie: „Die sollen sich gefälligst integrieren", „Die passen ja gar nicht in unser Straßenbild", oder „Die kleiden sich ja total anders", „Sie ist Bosnierin, aber sauber und ehrlich", usw. Die sprachlichen Äußerungen können sowohl direkt oder indirekt gemeint sein, bewusst oder unbewusst geäußert werden. Diverse Aussagen bewirken auch, dass man sich herabgesetzt und abgewertet fühlt. Doch wer gibt jemandem das Recht, über eine andere Person zu urteilen? Viele Vorurteile wurden einmal irgendwo aufgeschnappt und nicht hinterfragt. Vorurteile werden beispielsweise auch von Eltern an ihre Kinder weitergegeben. Hat sich einmal ein Vorurteil in einem Menschen fest verankert, wird es schwer sein, dieses zu lösen. Vor allem dann, wenn Vorurteile von klein auf gelernt wurden oder wenn diese als Absicherung der eigenen Machtposition dienen bzw. für das eigene Selbstverständnis von Bedeutung sind. Inwieweit das Ausmaß an sprachlicher Diskriminierung zu messen ist, hängt auch vom Betroffenen selbst ab.

Der Mensch von heute befindet sich in einer Welt, die durch Unsicherheiten geprägt ist. Wir leben in einer Gesellschaft, in der jede vierte Person in Österreich einen Migrationshintergrund hat. Alles dreht sich um die Sprache. Die Kenntnis der deutschen Sprache ist das oberste Prinzip für erfolgreiche Integration geworden.

Diskriminierungen knüpfen immer an sprachliche Äußerungen. Diverse Worte, die Abwertung oder Ausgrenzung signalisieren und tiefe Wunden hinterlassen in Form von rassistischen Äußerungen, Beschimpfungen, Herabwürdigungen und dergleichen, tun im Herzen mehr weh als physische Schmerzen. Besonders bei Kindern können die Wunden tief sitzen, insbesondere dann, wenn man als Kind sprachliche Äußerungen als sehr positiv aufgefasst hat und später im Erwachsenenalter erneut mit diesen in Berührung kommt und dann dagegen eine Abneigung entwickelt. Hier wäre ein persönliches Beispiel nennenswert.

Als ich zwölf Jahre alt war, kam ich als Flüchtling nach Österreich. Ich konnte kein einziges Wort Deutsch. Österreich kannte ich nur von den Geschichten einer Freundin, deren Tante in Österreich schon vor dem Krieg als Gastarbeiterin tätig war. Eine Zeitlang half mir mein Schulenglisch, mich zu verständigen, und nachdem ich Bücher über alles liebte, las ich sehr viel auf Deutsch, ohne viel zu verstehen. Irgendwann einmal begriff ich auch immer mehr von dem, was ich las. Die ersten Jahre musste ich für meine Familie dolmetschen und es waren teilweise sehr unangenehme Situationen, in denen ich dolmetschen musste. Später als erwachsene junge Frau entschloss ich mich, Übersetzen und Dolmetschen zu studieren. Doch egal, wie gut ich als Profi dolmetschen konnte, dieser eine Satz verfolgte mich bis heute noch: „Sie sprechen ja so gut Deutsch." Warum aber ist das so? Vielleicht kann man versuchen, es mit einem slawischen Sprichwort zu begründen: „In deinem Inneren existieren drei Menschen, einer, der du gerne wärst, einer, der du glaubst zu sein, und einer, der du auch tatsächlich bist, nur diesen letzten kennst du nicht." Demnach sollte man diesen letzten Menschen in seinem Inneren finden und kennenlernen.

Als Kind bekräftigte mich die Aussage der anderen, dass ich gut Deutsch sprechen würde. Je öfter ich diesen Satz hörte, umso mehr bemühte ich mich, noch besser in der Schule zu werden. Irgendwann, als ich größer wurde und bereits einige Schuljahre hinter mir hatte und meine Deutschkenntnisse mit immer besseren Noten beweisen konnte, störte mich dieser Satz zunehmend. Langsam, aber sicher entwickelte ich eine Abneigung gegen diesen Satz und ich fing an, mir Gedanken zu machen, und suchte nach Gründen. Warum sagt jemand zu einem Menschen, den er gar nicht kennt, dass er gut Deutsch sprechen würde? Welche Assoziationen pflegt diese Person, wenn sie so jemanden wie mich auf der Straße trifft? Was kann die Ursache für seine/ihre Feststellung sein? Vielleicht ist dieser Person ja gar nicht bewusst, dass diese Aussage ungelegen kommt. Vielleicht ist es in der heutigen Migrationsgesellschaft üblich, dass man Vorbilder sucht und diese auch loben möchte. Natürlich kann es auch vorkommen, dass man bewusst Menschen abwerten möchte. In diesem Fall kann man nicht davon ausgehen, dass diese Person an einem Gespräch mit den Betroffenen je interessiert sein wird.

Warum empfindet jemand diese Abneigung gegenüber dem Satz: „Sie sprechen ja so gut Deutsch?" Die Bedeutung dieses Satzes betrifft nicht nur die semantische Betrachtungsweise, sondern viel mehr als das, was es eigentlich aussagt, und viel mehr als das, was sich dahinter verbirgt. Nämlich die herablassende, abwertende und beleidigende Aussage, die den meisten Menschen gar nicht bewusst ist.

Für manche Menschen mag die sprachliche Diskriminierung, die eine Person durch diesen Satz empfindet, harmlos und übertrieben klingen; einerseits weil man dadurch in eine Schublade gesteckt und als Zugehöriger einer Minderheit in Verbindung gebracht wird, ohne aber nur das Geringste über den Menschen als Individuum zu wissen; und andererseits, weil viele Menschen der Meinung sind, über die betroffene Person mehr zu wissen als diese selbst. Doch was sie eigentlich kennen, ist nicht die Person selbst, sondern nur das Klischeebild von Musliminnen oder Migrantinnen, in das diese Person gut hineinpassen würde. Warum, fragt man sich, ist es so schwer zu verstehen, dass es durchaus Menschen gibt, die seit ihrer Kindheit Deutsch gelernt haben und es perfekt beherrschen, womöglich besser als die Erstsprache.

Gegen Vorurteile und sprachliche Diskriminierung könnte man arbeiten. Eine Weisheit von einem unbekannten Autor ist hier sehr zutreffend:

Es ging darum, eine wichtige Arbeit zu erledigen und JEDER war sicher, dass sich JEMAND darum kümmert. IRGENDJEMAND hätte es tun können, aber NIEMAND tat es. JEMAND wurde wütend, weil es JEDERMANNS Arbeit war. JEDER dachte, IRGENDJEMAND könnte es machen, aber NIEMAND wusste, dass JEDER es nicht machen kann.

Hier wird klar, dass jeder von dem anderen eine Reaktion erwartet bzw. Lösung für ein Problem sucht, weil er der Meinung ist, dass es reicht, wenn man auf die Probleme hindeutet und selbst nichts dagegen unternimmt, um diese Probleme zu lösen.

Wenn nun die Probleme auf die sprachliche Diskriminierung projiziert werden würden, so kann man die Schuld nicht immer bei jemand anderem suchen. Jeder ist für sein Verhalten und sein Handeln selbst verantwortlich, denn ob eine sprachliche Äußerung passend oder unpassend ist, hängt von der Person ab, die die diskriminierende Aussage tätigt.

Zurückkommend auf mein persönliches Beispiel stelle ich fest, dass es einen Unterschied gibt, ob jemand als Sprachprofi oder nicht auftritt. Ich als Dolmetscherin setze mich beruflich täglich mit den Sprachen auseinander. Ich als Dolmetscherin habe noch nie erlebt, dass jemand zu mir diesen Satz gesagt hätte. Wahrscheinlich auch deshalb nicht, weil mein Beruf als eine Art Schutzschild fungiert. Etwas anders ist die Situation außerhalb meines Berufsfeldes. Den oben erwähnten Satz habe ich bestimmt 100-mal in meinem Leben gehört. Und jedes Mal ist es für mich eine neue Herausforderung. Je nachdem, ob es sich um einen lohnenswerten Gesprächspartner handelt, gestaltet sich die Kommunikation. Nachdem der Satz eine Belastung darstellt, kann es schon vorkommen, dass man sich schon von vornherein überlegt, wie bzw. was man darauf antwortet, und somit seine Äußerungen perfektioniert bzw. die Wortwahl gekonnt trifft. In meinem Kopf klingelt im Unterbewusstsein eine Art Alarmglocke, die ich versuche zu ignorieren. Ich probiere dann, den Satz positiv aufzufassen. In diesen Momenten kommen mir die Worte des bosnischen Schriftstellers Meša Selimović gut gelegen: „Du willst niemandem zur Last fallen. Du willst, dass dich keiner schief anschaut, dass dir keiner ein schlechtes Wort sagt. Wie gedenkst du dann zu leben?“

Ein Mensch ist nicht perfekt. Wäre er es, dann wäre er kein Mensch. In solchen Momenten wäre höchstwahrscheinlich ein persönliches Gespräch wichtig, um die gegenseitigen Ansichten zu widerlegen und die Sichtweise des Gesprächspartners zu erweitern. Natürlich ist es aus verschiedenen Gründen nicht immer möglich, in einem einzigen Gespräch Vorurteile abzubauen, dennoch wäre es für jeden Einzelnen eine Bereicherung fürs Leben. Aus Erfahrung weiß ich auch, dass persönliche Kontakte sehr wichtig sind und viele Missverständnisse dadurch beseitigt werden können.

Wie heißt Ihr Großvater?

Nadia Shehadeh

Ein großer Teil meiner Großfamilie lebt in den palästinensischen Autonomiegebieten, und wenn ich sie besuchen will, fahre ich dorthin.

Der Weg führt über Amman. McDonald's im Frankfurter Flughafen ist stets Ausgangspunkt von allem. Pappige Cheeseburger, ein Plastikbecher Cola, im Hinterkopf bereits die mich erwartende Falafel-Überdosis abgespeichert, die mir als Kind immer Phantasien über fettige deutsche Pommes einbrachte. Und heute, heute ist mein Bezug zu arabischem Essen nostalgisch.

Im Flugzeug nach Amman. Neben mir sitzt eine resolute ältere Dame, die eine Bildungsreise nach Jordanien gebucht hat. Ob ich zur Reisegruppe xyz gehöre, fragt sie mich. Ich sage „Nein", und: „Urlaub, Familie", und sofort steige ich in ihrer Gunst als Landesexpertin. Ihre Vorfreude ist rührend, unser Gespräch ist sehr nett, sehr herzlich, aber für mich mittlerweile eine aufklärende Pflichtübung von bisher tausenden: Nein, Religion ist jetzt nicht das große Thema, nein, ich würde nicht sagen, dass die Familienmitglieder meines Alters jetzt unbedingt anders wären als ich, nein, es ist kein Problem, dass ich kein Kopftuch trage, nein, es ist nicht gefährlich in der Westbank, jedenfalls nicht gefährlicher als nachts an einer U-Bahn-Haltestelle in Berlin, ach, und überhaupt.

Die Reisende lehnt sich zufrieden im Sessel zurück. Die Spannung, die ich ihr genommen habe, lässt sie in einen friedlichen Dämmerschlaf tauchen, der glücklicherweise bis zur Landung anhält. Ich stelle mir vor, dass sie und ihre GesinnungsgenossInnen sich auf ihrer Reise verzweifelt auf die Suche nach Konflikten und Stress oder UreinwohnerInnen begeben werden – erfolglos.

Eine Stadt ist eine Stadt

Ein Land ist ein Land, eine Stadt ist eine Stadt für mich. Das heißt, Amman ist mein erweiterter Teil von Bielefeld, jegliche bisher von mir besuchte Region daher nur die Erweiterung meines Kiezes, und noch nie habe ich versucht, für bestimmte Territorien bestimmte Verhaltensweisen oder Emotionen zu kultivieren, und deswegen tue ich überall das Gleiche: einen Flughafen verlassen, eine Zigarette rauchen, Taschen im Auto verstauen, Grundbedürfnisse abklopfen: Essen, Tee. Meine Augen nehmen keinen besonderen Zauber wahr, nichts Neues, nichts Unerwartetes, und ich frage mich manchmal, ob dass das ganz normale Erbe des Hybrids ist: die gefühlte Universalität von Umgebung, von Räumen.

Es ist kein Zerrissensein, kein Zwischen-den-Stühlen, kein Zweite-Heimat-Gefühl, das ich in Amman oder Nablus oder Abu Dhabi habe. Es ist die Möglichkeit des schnellen Adaptierens, es sind Gelegenheiten reiner Gewohnheiten und der Vertrautheit, des Sachverhaltes, dort zu sein, wo auch Teile meiner kindlichen Sozialisation stattfanden, denn drei Wochen Urlaub im Kindesalter machen bisweilen mehr aus als sechs Monate Selbstfindung heute, und die Diaspora-Situation in Deutschland packt die anderen paar Prozent dazu.

Ich bin keine Touristin. Sehenswürdigkeiten interessieren mich hier nur sekundär. Jordanien, Westbank: wie ein Familienbesuch in Ostwestfalen, nur mit mehr Zeitdruck. Viele Angehörige sehen, denn man weiß nicht, wann man das nächste Mal wiederkommt. Man weiß es nie.

Besuchsmarathon

Der Umgang mit Hauspersonal ist lässig in Amman, der Dienstleistungssektor boomt. Der Hausmeister meines Onkels, Ahmed, der die Souterrainwohnung bewohnt, kommt aus Ägypten. Er mag seinen Job, er macht ihn seit zwei Jahren. „Stress habe ich nur so ein, zwei Monate im Jahr, wenn euer Onkel hier ist", sagt er, schnippt seine Zigarette weg und lacht sich kaputt. Wir sitzen im Hof und rauchen, warten darauf, dass wir wieder irgendwo hinfahren, denn in der Hauptsache werden all unsere Tage strukturiert durch Besuche, Besuche und noch mehr Besuche.

Wichtig ist nur, was derjenige, der das Auto fahren wird, sagt. „Yallah, yallah!" wird zum Taktungsmechanismus des Tages. Mein Bruder und Ahmed zünden sich noch eine Zigarette an, Ahmed sagt, dass er in ein, zwei Jahren nach Ägypten zurückgeht und sich eine Wohnung kauft, und ich ziehe noch einen Deckel von einer Pepsi-Dose, es ist drei Uhr nachmittags, und es ist bestimmt die zehnte.

Cola und Sprite und Pepsi aus der Dose, 150 ml stilles Mineralwasser in durchsichtigen Plastikbechern, wie mit einem Jogurt-Deckel versiegelt und in Containern aus den Emiraten importiert, Fast-Food, der Siegeszug der 240-Watt-Lampen in jedem Zimmer, Autofahren bis kein Arzt mehr kommt, Fressmeilen, Shopping-Malls, noch mehr Malls, Plastikfolien als Einmal-Tischdecken: Jede Umweltorganisation, die man nach Amman schicken würde, würde nach drei Tagen völlig am Ende das Land wieder verlassen.

Fast and Food

Ein Eldorado des Konsums, hier wird nicht gekleckert, hier wird geklotzt, hier ist alles überdimensional, in Restaurants scheinen auf einen Gast fünf Kellner zu kommen, ich wische meine Hände einmal an einer Serviette ab und schon wird mir eine neue hingelegt, „shukran", und ich erzähle meiner Cousine aus Abu Dhabi mal wieder, dass man in Deutschland halt eher zuhause kocht und isst, und sie lacht: „Du meine Güte, aber WOZU?"

Verstreute Familie(n)

Die Amman-Tage sind der Überfahrt in die Westbank obligatorisch vorgeschaltet. Die Route hat sich bewährt – Jordanien ist das perfekte Vorspiel für einen Westbank-Besuch. Acht Millionen Jordanier, sechs davon Palestine-originated. Die Clans sitzen überall verteilt, in den Golfstaaten primär, die Devisen fließen und alles ist top in Schuss. Ein typischer Jordanien-Witz könnte so gehen, dass mich jemand fragt: „Wie viele Autos hast du?", und ich würde antworten: „Keins" – und die Pointe wiederum wäre dann von mir.

Für unsere Verwandtschaft ist schon seit Jahren klar: In Deutschland lebt man wie eine arme Socke, und um zu überleben, muss man sich den ganzen Tag abstrampeln. Ich sitze in Jordaniens reduziert eingerichteten Häusern und denke, dass sich die wahre Armseligkeit in dem Sachverhalt widerspiegelt, dass man im europäischen Indoor-Umfeld lauter Schrott in seiner Bude ansammelt, um das Gefühl von „Nest" zu bekommen – um dann mit letzten Kräften nach Feierabend drum herum zu putzen. „Ich muss entrümpeln, wenn ich wieder zuhause bin", denke ich. Darauf den hundertsten Liter Pepsi aus der Dose. Und „cheers"!

Jordantal, es geht rüber in die Westbank. Mit dem Taxi an die Grenze, mit dem Gepäck an eine Überfahrtsbushaltestelle, die Taschen werden wischi-waschi kontrolliert und in einen Bus geladen, alles dauert ewig lange, man kauft seine Tickets, guckt am Schalter in einen Gesichtsscanner, und irgendwann rumpelt man weiter. Jetzt wird alles noch Stunden dauern. Ich schalte mein Zeitgefühl ab und trotte nur noch allem hinterher, was irgendwie einen Plan von der Grenzübergangskiste hat.

Wie heißt Ihr Großvater?

Der israelische Grenzübergang. Zwei Stunden Schlange stehen an einem Schalter, und dann geht die übliche Befragung los: „Wo wollen Sie hin, wie lange bleiben Sie, wie heißt Ihr Großvater, fahren Sie nach Jerusalem, wie lange bleiben Sie, wie heißt Ihr Großvater, wo wollen Sie hin, fahren Sie auch nach Jerusalem, und überhaupt, wie heißt Ihr Großvater?" Mein Bruder und ich werden vom Rest unserer Truppe in ein Séparée gebeten, wir sollen einen Zettel ausfüllen, ich lese die erste Frage: „Wie heißt Ihr Großvater?" Ich soll aufschreiben, wo ich arbeite, und am Ende lasse ich eine Visitenkarte meiner Firma da, was soll's, beschleunigen wir die Abläufe.

Wir werden in einen Warteraum gesetzt, vorgesehen für die Fälle, bei denen es länger dauert. Eine Vierertruppe aus Offenbach sitzt neben uns, unsere Pässe haben wir seit drei Stunden nicht mehr gesehen, die Vierer-Gang die ihren ebenfalls nicht, und um die Langeweile zu überbrücken und „weil, sowieso" kommen wir ins Gespräch. Zwei der Wartenden werden zum Gespräch mit Grenzbeamten gebeten, sie kommen nach zehn Minuten wieder und lachen sich kaputt: „Die haben uns eure Pässe vorgelegt und gefragt, woher und seit wann wir euch kennen!" Zwischen Gähnen und Hunger und dem unbändigen Wunsch, eine zu rauchen, kommt einem auf einmal die wahnwitzige Idee, einfach zu fragen, was mit den eigenen Pässen ist. Sechs Stunden sind vergangen.

„Excuse me, excuse me", spricht man einen der jungen Grenzposten an, und er ist in Anbetracht so viel höflichkeitsgeschwängerter Serviceerwartungshaltung einigermaßen erstaunt. Ein Wunder geschieht. Die Pässe haben wir tatsächlich eine halbe Stunde später wieder in der Hand. Fünf Meter neben mir sitzt ein junges Mädchen, das alleine reist und am Schalter Stunden zuvor direkt vor mir stand und minutiös immer wieder ihre Route und die Adresse ihrer Familie aufsagen musste. „Frag halt nach, wie lange das noch dauert und wo dein Pass ist, vielleicht geht es dann schneller! Yallah-bye!", sage ich ihr, während ich meine Taschen zusammensuche.

Zuhause ist, wo du bist

Es geht mit dem Taxi weiter. Endlich Westbank, endlich Familie, endlich das, was kein Zuhause, aber irgendetwas Zusätzliches davon ist. Das Haus meiner Großeltern in Duma nahe Nablus ist unverändert wie immer, eine Konstante im sich ebenfalls wandelnden Autonomiegebiet. Meine Oma mochte keine Veränderungen, bis zu ihrem Tod im Februar nicht.

„Die Kinder aus Deutschland, sie kommen jetzt bald, nicht wahr? Dann freue ich mich", sagte sie noch in großer Runde, und dann machte sie die Augen zu und nie wieder auf. Das Haus ist immer ihr ganzer Stolz gewesen, gebaut in den 50ern, chinesische Fliesen, eine rundum verglaste Eingangsveranda, ein Garten voller Olivenbäume. Neun Jahrzehnte Leben, und vier Jahrzehnte davon kamen die Söhne und Töchter und deren Söhne und Töchter dann doch immer seltener, denn ja, das Exil machte es nicht einfach, und warum die ganzen Enkelkinder nicht einfach nach Nablus kämen und heiraten würden und einfach blieben, fragte sie sich oft. Was sollte man dazu noch müde sagen, außer: Inshallah?

Mit dem anderen Auswanderer-Zweig der Familie, der sich in den Emiraten niedergelassen hat, versucht man im Schnellverfahren, all das, was man über die Jahre nicht mitbekommen hat, zu inhalieren. Es klappt niemals. Man reicht sich selbst von Onkel zu Tante von Onkel zu Tante, von Essen zu Essen, man lässt sich ganz in den Modus erdrückender Gemütlichkeit fallen, den vor allem Großfamilien im Überfluss anbieten. Einmal untergehen im Kollektiv, noch öfter durch Nablus laufen, ohne dass man als „fremd" klassifiziert wird. In der Altstadt breche ich mir ständig einen mit einem Englisch-Arabisch-Kauderwelsch ab – und werde allenfalls gefragt, aus welchem Dorf meine Familie kommt.

Der „Konflikt" mit Israel ist weniger präsent, als man es dank Facebook, Al Jazeera und Co. eingetrichtert bekommt; es dominiert die Koexistenz, bisweilen auch das Kooperative, oder: der Alltag, die Lebensrealität. Natürlich, perfekt ist nichts, aber wo ist es das schon?

Schäden gibt es. Auf „unserer" Seite: 70 abgeholzte Olivenbäume kurz vor unserer Anreise, die mein Großvater vor 50 Jahren angepflanzt hat. Aufregung gibt es nicht, das Ganze ist business as usual, und schließlich müssen die Soldaten da anscheinend halt auch ihren Job machen, „das müsse man halt auch mal so sehen". Keine Aufregung, stattdessen Alltagspragmatismus. Mein Cousin macht sich viel mehr Sorgen um uns: Ob es wahr ist, dass in Deutschland ständig Menschen erschossen werden, die nicht von Geburt an Deutsche sind?

Universalismus der Abläufe: Wir Jungen, die sich am Smartphone kaputt daddeln, die Alten, die darüber den Kopf schütteln und uns für Dienstboten der Technik halten. Casting-Shows im Fernsehen.

Diskussionen über die Qualität von „Pizza Hut". YouTube-Listen erstellen, über Musik fachsimpeln. Hip-Hop ist das Phänomen unserer zweiten und dritten Generation im Ausland, lerne ich. Omar Offendum? Shadia Mansour? Kopfschütteln, kennt man nicht. Musik der Exil-Kinder für die Exil-Kinder.

Ohne Zange

Es gibt keine Katastrophen, nur einmal sonntagmorgens, als die Pumpe kein Wasser mehr ins Haus befördert. First World Problems sind am Ende überall dieselben, das Ganze wird so schnell wie möglich repariert, und zwar ohne Zange.

Morgens kann man in die Berge wandern und sich zwischen den Olivenhainen auf Felsen setzen, um in die Berge zu gucken. Man schnippt die nächste Limo-Dose auf, guckt auf Felsen und Bäume und in Schluchten, und am Ende lässt man seinen Zigarettenstummel im kleinen Rest Pepsi verzischen. Geht man zurück ins Dorf, kommt man auf dem unwegsamen Pfad an einer kleinen illegalen Müllkippe vorbei, die sich Siedler eingerichtet haben.

Abends ist es kalt und windig, und wenn man auf der Glasveranda sitzt, pfeift der Wind aggressiv durch die Ritzen und gegen die Scheiben. Die Tür kann man immer nur wenige Sekunden aufhalten, wenn jemand kommt, weil sonst der ganze Innenraum durcheinandergewirbelt wird, Plastikbecher, leere Dosen, Servietten. Trotzdem klopft es alle zwei Minuten. Die Partys finden in verschiedenen Häusern statt, und so hoppt man von Tür zu Tür. Irgendwann steht nachts meine Tante im Getümmel, die 64 und einen Kopf kleiner ist als ich, und zieht grinsend eine Flasche Cola aus dem Ärmel. Sie freut sich, dass mein Bruder seine Zigaretten noch selber dreht – das hat unser Opa, ihr Vater, schließlich auch immer so gemacht: „Tamam". Sie ist unsere Party-Queen.

Religion ist kein großes Gesprächsthema, Frömmigkeit sehr präsent. Ich laufe durchs Dorf, mit Band-Shirts und offenen Haaren, ohne Hijab, ich rauche, ich bin unverheiratet, und es stört niemanden, und keiner will mich belehren. Ich gehöre zu einer Familie, und das ist das Einzige, was hier zählt, und es graut mir davor, ins Deutschland der Kopftuchdebatten zurückzufahren.

„Würdest du hierbleiben?", fragt mich meine Cousine aus Abu Dhabi irgendwann, als wir auf einem der Felsen sitzen und ich den Rauch in die Berge puste. „Inshallah", sage ich. Und dieses Mal meine ich es ernst.

Stolz und Vorurteil – MuslimaPride

Betül Ulusoy

„Du bist nicht ausreichend gebildet, du wirst unterdrückt, du lebst fremdbestimmt." Welche muslimische Frau wurde mit einer solchen oder ähnlichen Aussage nicht schon einmal unterschwellig oder direkt konfrontiert?

Die Vorgeschichte

Nachdem ich im Abitur eine Podiumsdiskussion anlässlich der Bundestagswahlen 2005 an meiner Berliner Schule organisiert hatte, kam meine Schulleiterin auf mich zu und gratulierte mir zu der gelungenen Veranstaltung. Ihren Satz schloss sie mit den Worten ab: „Aber wir müssen über dein Scheißkopftuch reden!"

Das hatte gesessen. Ich war total perplex und wusste nicht, wie ich reagieren, was ich erwidern sollte. Die Euphorie und Freude der gerade so schön zu Ende gegangenen Diskussionsveranstaltung war mit einem Schlag dahin.

Kurz darauf redeten wir tatsächlich über mein „Scheißkopftuch". Das stundenlange Gespräch, das hinter verschlossenen Türen im Büro der Schulleiterin stattfand und dem außer uns auch die stellvertretende Schulleiterin und ein Geschichts- und Politikwissenschafts-Lehrer beiwohnten, glich einem Verhör, in dem mir die Schulleitung einen Vorwurf nach dem anderen machte.

Sie zählte mir dabei unter anderem all die Dinge auf, die mir auf Grund meines Kopftuchs verwehrt blieben. Ich könne zum Beispiel keinen Sport machen. Wie solle ich je eine Turnweltmeisterin werden können, wenn ich ein Kopftuch trüge? Ich war verwirrt. Für das Turnen hatte ich doch noch nie großes Interesse gehegt. Ich liebte aber das Schwimmen und hatte jahrelang Vereinssport betrieben. Meine Religion und mein Interesse für Sport waren sich noch nie in die Quere gekommen, ganz im Gegenteil: Ich sah es als meine religiöse Pflicht an, mich auch in diesem Bereich weiterzubilden. Jahre später erzählte mir die stellvertretende Schulleiterin, die bei diesem Gespräch dabei gewesen war, wie sie mich oft von ihrem Büro aus auf dem Schulhof beobachtet hatte, wie ich mit den Jungen in den Pausen Fußball spielte. Mit Kopftuch. Sie hatte mich dafür bewundert. Umso unverständlicher die Unterstellung, ich könne, da ich Muslimin sei, keine Sportlerin werden.

Ich trüge das Kopftuch aus Zwang, fuhr meine Schulleiterin fort, als sie vom Sport abgelassen hatte. Ich hingegen erzählte ihr, dass meine Eltern im Grunde dagegen waren, dass ich mich bedeckte. Meine Mutter hatte selbst negative Erfahrungen gemacht und wollte sie mir ersparen. Mein Vater meinte, ich sei zu jung und solle die Entscheidung zu einem späteren Zeitpunkt bewusster treffen. Meine Tante drohte, sie würde den Kontakt zu mir abbrechen, wenn ich mich bedeckte – und tat es auch.

Meine Schulleiterin aber lachte nur ungläubig. Und sagte etwas, dass mich prägen sollte: Ich würde doch nur denken, meine Eltern ließen mich frei entscheiden. Tatsächlich hätten sie mich aber derart erzogen und beeinflusst, dass ich gar nicht merkte, wie ich ein ihnen gefälliges Leben lebte. Wenn ich also glaubte, ich würde das Kopftuch aus freien Stücken tragen, würde ich im Grunde nur meinem Vater gefallen wollen. Schließlich würde ich spüren, dass er das von mir erwarte, auch wenn er es womöglich nie aussprach.

Eines Tages aber würde ich aufwachen und merken, dass ich meine Entscheidungen nicht, wie geglaubt, frei gefällt hatte. Sie hoffe für mich, dass es dann nicht zu spät sei und ich danach noch ein erfülltes Leben leben könne.

Irgendwann wachte ich tatsächlich auf. Ich merkte, wie sehr mich die unschönen Erfahrungen aus der Schulzeit belastet hatten, dass ich vieles versucht hatte, zu verdrängen oder schönzureden, aber getroffen war, fast ohnmächtig. Als Kind und Teenager hatte ich mich ständig für Dinge rechtfertigen müssen, die ich nicht einmal richtig verstand. Damals hatte ich nicht wirklich verstanden, was meine Schulleiterin meinte, als sie sagte, ich lebte in einer Scheinwelt.

Die Vorwürfe meiner Schulleiterin sollten aber keine Ausnahme bleiben und mir noch einige Male in meinem Leben begegnen.

Das Femen-Foto

„Femen-Aktion in Berlin. Nackter Protest vor Moschee", titelte der Tagesspiegel Anfang April 2013. Eigentlich musste ich an diesem Tag für mein erstes Staatsexamen lernen, doch stattdessen schaute ich etwas ungläubig auf ein Foto, auf dem sechs Frauen in Jeans mit Blümchen im Haar und nackter Brust vor der Ahmadiyya-Moschee in Berlin posierten. Auf ihrem Oberkörper und auf ihren Plakaten standen Slogans wie „Fuck your morals" und „Naked freedom". Eine der Frauen, Alexandra Schewtschenko, hielt wütend ihren Mittelfinger hoch, so, als wolle sie ihren Worten damit ganz besonders Nachdruck verleihen.

Das Foto hatte mich irritiert. Ich konnte nicht recht einordnen, was das war und was das sollte, hatte zuvor noch nie etwas von Femen gehört. Daher postete ich es kommentarlos auf meiner Facebook-Seite, um zu sehen, wie Freunde darauf reagieren.

Nackt-Proteste und NS-Vergleiche

Derweil machte ich mich selbst an die Recherche. Femen war eine feministische Gruppe, die 2008 in der Ukraine gegründet wurde und sich dort zunächst gegen Sextourismus und Zuhälterei wendete. Später demonstrierten die Femen-Aktivistinnen auch gegen Politiker wie Silvio Berlusconi und Wladimir Putin, aber auch gegen weibliche Genitalverstümmelung, Kinderhandel, Leihmutterschaft und einiges mehr. Eigentlich begrüßenswert und wichtige feministische Themen. Doch eine Besonderheit und gleichzeitig ein Erkennungsmerkmal hatten die Femen-Proteste: Sie fanden immer oben-ohne statt.

Gerade diese Art des Protestes aber sorgte bei vielen Menschen für Unverständnis und bei vielen Feministinnen für Unmut: Kann man sich dagegen einsetzen, dass Frauen als sexuelle Objekte wahrgenommen werden, indem man sich selbst mit nackter Brust und Blumen im Haar präsentiert? Dabei arbeitet Femen selbst mit denselben Schönheitsidealen, die wir aus der Modeindustrie kennen und die gerade „klassische Feministinnen" kritisieren: schlank, schön, nackt. Der anzügliche Blick mit einem verschmitzten Lächeln Putins bestärkte diese Kritik, als – ebenfalls Anfang April 2013 – Femen-Aktivistinnen mit „Fuck dictator" die Hannover Messe stürmten, wo sich der russische Präsident gemeinsam mit Bundeskanzlerin Angela Merkel aufhielt. Putin schien wenig beeindruckt, fast schon erfreut und auch seine Begleitung guckte eher belustigt als betroffen. Ganz anders als die Presse und Beobachter beurteilte allerdings Femen selbst die Situation im Nachhinein. Alexandra Schewtschenko sagte: „Putin hatte Angst. Der fürchtet sich vor nackten Frauen." Die Bilder sprachen eine andere Sprache.

Größere Kritik an Femen war auch laut geworden, als die Aktivistinnen in der Hamburger Herbertstraße „Arbeit macht frei" an das Zugangstor der Straße gesprüht hatten, in dem sich viele Bordelle befinden. Der Vergleich von Prostitution und der Massenvernichtung im KZ ging vielen gehörig gegen den Strich.

Doch Femen blieb nicht nur bei diesem unsäglichen Vergleich, sondern vollzog ihn erneut. Wenige Monate nach dem Hamburger Protest legte Alexandra Schewtschenko diesmal mit den Worten: „Das Kopftuch ist vergleichbar mit einem Konzentrationslager", nach.

Unser Freiheitsverständnis

Diesem Vergleich vorausgegangen war der von Femen ausgerufene „Topless Jihad Day" zur Solidarisierung mit der Tunesierin Amina Sbouï. Sie hatte auf Facebook ein Foto von sich mit nacktem Oberkörper hochgeladen, auf dem stand: „Mein Körper gehört mir, und er ist nicht Quelle von irgendjemandes Ehre." Der Salafist Adel Almi forderte daraufhin ihre Steinigung.

Keine Frage: Wenn eine junge Frau bedroht wird, weil ihr Lebensstil anderen nicht gefällt, dann gehört das verurteilt. Jede Frau darf sich zeigen, wie sie möchte, und sie darf anziehen, was sie möchte – egal ob Minirock, Krawatte oder Kopftuch. Wenn eine Frau das möchte, kann sie eben auch nichts anziehen, genauso wie sich eine Frau auch bedecken können muss, wie sie möchte.

Das bedeutet für mich wirkliche Freiheit. Ein Begriff, den wir nur allzu oft nutzen. Vor allem in Deutschland bezeichnet sich jeder als „frei" und „freiheitlich". Aber stimmt das? Sind wir wirklich selbst frei und vor allem: Gestehen wir anderen die gleichen Freiheiten zu? Oder erschöpft sich unser Freiheitsverständnis nicht oft dort, wo sich die Ansichten anderer nicht mit unseren persönlichen Empfindungen decken? Der Mensch neigt leider oft dazu, Freiheit dort einzuschränken, wo ihm die Freiheit des anderen einfach nicht passt.

Feministinnen wie Alice Schwarzer zum Beispiel setzen sich für eine emanzipierte und freie Frau ein. Gleichzeitig ist Schwarzer aber entschiedene Gegnerin des Kopftuchs und möchte damit einer nicht unerheblichen Zahl von Frauen auf dieser Welt nicht nur die Deutungshoheit über ein von ihnen getragenes Kleidungsstück nehmen, sondern ihnen auch vorschreiben, wie sie sich zu kleiden haben. Warum? Weil es ihr persönlich nicht in den Kram passt. Ist das Freiheit? Keinesfalls. Alice Schwarzer steht mit diesem Ansatz leider nicht allein da. Ich habe wegen solcher Aktivistinnen schon als junges Mädchen Feminismus als etwas wahrgenommen, das mich als Frau und Muslimin nicht so akzeptieren will, wie ich bin, und mich einschränkt. Dass der Feminismus mir etwas vorschreiben will: „Nimm dein Kopftuch ab! Nur dann kannst du frei sein." Ich verstehe eigentlich bis heute nicht, wie sich Feministinnen so gegenseitig in den Rücken fallen können: Während sie sich einerseits versuchen, von patriarchalen Strukturen zu befreien, versuchen sie auf der anderen Seite, Frauen ihre Ansichten aufzuerlegen. Paradoxer geht das für mich kaum. Solch ein Verständnis von Freiheit und Emanzipation war der Grund, warum ich mich selbst als Studentin noch davor scheute, mich selbst als Feministin zu bezeichnen. Wenn andere Menschen bestimmen wollen, wie frei man zu sein hat, was Freiheit ist und wann man frei ist, dann ist das schlicht fremdbestimmt und damit genau das Gegenteil von

„frei". Das ist mir einfach zu eng. Ich denke umfassender, toleranter, freier. Mir war ein anderer Begriff lange Zeit viel lieber: Freiheitskämpferin.

Als Freiheitskämpferin sage ich: Amina durfte – genau wie ich – ihren Lebensentwurf selbst wählen.

Femen hätte ich vielleicht sogar unterstützt, wenn es ihnen um Amina (allein) gegangen wäre. Doch als sie am „Topless Jihad Day" über die Zäune der Ahmadiyya-Moschee kletterten, schien es weniger um Amina zu gehen, als um „die Muslimin" und „das Kopftuch". Eine Aktivistin sagte pauschal, es gehe ihnen um die „Unterdrückung der Frau im Islam".

Wie auf Kommando hatten sich die Femen-Aktivistinnen an diesem Tag wenige Minuten lang ausgezogen, ihre Plakate hochgehalten, ihre Slogans gerufen – und waren auch schon wieder verschwunden. Es war kalt in Berlin. Im Nachhinein scherzten einige, wo denn all die Menschrechtsorganisationen gewesen seien und warum niemand den Femen-Frauen warme Decken und heißen Tee vorbeigebracht hätte.

Später ging Femen noch einen Schritt weiter. Was zunächst als Solidaritätsbekundung mit der Tunesierin Amina Sbouï angefangen hatte, entwickelte sich immer mehr zu dem Versuch, sämtliche muslimische Frauen vom Patriarchat und der Unterdrückung durch die Religion zu befreien. Wer sich wehrte, dem wurde pauschal das Stockholm-Syndrom unterstellt: Starke muslimische Frauen wurden als Opfer dargestellt, die die Tragweite ihrer Unterdrückung nicht erkennen, weil sie Sympathien für ihre Peiniger, Väter, Brüder und Ehemänner, empfinden. Das kam mir doch aus meiner Schulzeit allzu bekannt vor.

Facebook-Reaktionen

Auf das Foto mit den Femen-Aktivistinnen vor der Ahmadiyya-Moschee, das ich auf Facebook hochgeladen hatte, wurde unterschiedlich und zum Teil mit großer Ablehnung reagiert. Ein User schrieb ironisch: *„Soll das Dschihad sein, von wegen Außentemperaturen?"*

Ein anderer schrieb: „*Diese Frauen kämpfen für die Freiheit der Frauen ... Protestieren dagegen, dass sie als Objekte wahrgenommen werden ... Und das oben-ohne ... ‚Our Breasts are our weapons' ... – Das nenn' ich Ironie.*" Tatsächlich wurde hier genau das angesprochen, was Feministinnen viel Zündstoff lieferte und – so titelte die TAZ kurze Zeit später, dass Femen den Feminismus spalte. Feministinnen hatten lange dafür gekämpft, dass eine Frau nicht auf ihr Äußeres reduziert wird. Vielen ist das auch heute ein Hauptanliegen. Jetzt allerdings kam Femen und zog sich aus, um diese Interessen durchzusetzen – und erzeugte lüsterne Blicke bei Männern wie Putin. Auch wenn es mir grundsätzlich egal ist, welche Mittel zum Protest ausgewählt werden: Das Mittel der Nacktheit erscheint auch mir in diesem Zusammenhang paradox.

Hinzu kommt: Die Femen-Aktionen finden in Ländern statt, in denen Nacktheit längst kein Tabu mehr ist. Hier darf jeder so nackt sein, wie er möchte. Es schert sich kaum jemand darum. Nackt-Proteste mögen eventuell in Texas oder in Jiddah für einen Aufschrei sorgen, aber in der Love-Parade-Stadt Berlin verdienen sie den Namen „Protest" eigentlich nicht.

Eine Nutzerin schrieb etwas ausführlicher: „*Also wenn man sich aussuchen darf, wie nackt man sein möchte, ist man frei, aber wenn man bedeckt sein möchte, ist man das nicht? Freiheit heißt also, man darf sich von zwei Kleidungsvarianten nur eine aussuchen? Unabhängig von der Religion: Was ist mit den Frauen, die einfach nicht drauf stehen, nackt zu sein: Sind die nicht frei? So viele Fragen und so dumme Antworten. Das ist leider die nackte Wahrheit.*" Eine andere bricht es ein wenig runter: „*Armselig! Nackt sein – ist deren Definition von Freiheit.*"

Vielen Usern missfiel weniger die Art des Protestes als vielmehr der Ort und die Umstände: „*Hahahahaha, die logische Verknüpfung von Tunesien und der Ahmadiyya-Moschee in Berlin ist 'ne unglaublich ... schlüssige! Das ist ja so dermaßen ... intelligent, dass ich schon fast neidisch werden könnte!*". Dieser Kommentar zeigt deutlich nicht nur das Unverständnis vieler, sondern ermöglicht auch einen guten Einblick in die Denkstrukturen und Ziele von Femen. Denn es ist wirklich unschlüssig, warum Femen einerseits vorgibt, für Amina zu demonstrieren, die in Tunesien lebt, gleichzeitig aber vor der Ahmadiyya-Moschee protestiert, einer Strömung, die ihren Ursprung in Indien hat. Warum wird nicht etwa vor der tunesischen Botschaft in Berlin demonstriert? Wenn unbedingt Moschee, warum nicht vor einer salafistischen Moschee in Berlin? Warum gerade die Ahmadiyya-Moschee, die nicht nur für ihre sehr liberalen Ansichten bekannt ist, sondern auch selbst eine Minderheit ist, die in einigen Teilen der Welt verfolgt wird? Der Imam der Moschee, der vom Femen-Protest erfuhr, als fast schon alles wieder vorbei war, sagte vor laufenden Kameras ziemlich geknickt, man möge sich doch gegenseitig mit Liebe und Respekt begegnen. Und jeder Mensch habe eine Zunge, mit der man reden und miteinander kommunizieren könne. Später ließ ihn die ganze Situation nicht in Ruhe. Er nahm Kontakt zu den Aktivistinnen auf, lud sie zu sich in die Moschee ein. Diesmal kletterte Femen nicht über die Moschee-Zäune, sondern nutzte die Tore. Das Gespräch verlief dennoch ergebnislos. Die Damen wiederholten ihre Thesen der unterdrückten Musliminnen, der Imam konnte nichts anderes erwidern, als dass weder der Islam noch er persönlich Frauen unterdrücken würden.

Mediale Inszenierung und Aktionismus

Was bleibt, ist die Frage, warum Femen gerade die Ahmadiyya-Moschee für ihren Protest ausgesucht hat, an der in einer Stunde kaum mehr als drei Personen vorbeigehen, die keine feste Gemeinde hat und im Winter (auf Grund von Heizschwierigkeiten) auch noch geschlossen ist. Um das Publikum kann es ihnen augenscheinlich nicht gegangen sein. Oder doch? Denn das einzige Publikum, das Femen an diesem Tag wollte und hatte, waren Medien – und davon nicht zu knapp. Printmedien, Hörfunk, Fernsehen, alle waren sie informiert und alle waren sie gekommen. Und was brauchen Kameras? Klar, eine gute Kulisse. Die gibt die älteste Moschee in Berlin natürlich her. Über mehr haben die Aktivistinnen nicht nachgedacht. Die mediale Inszenierung von Femen war perfekt. Damit kommt ein weiterer Kritikpunkt an Femen hinzu: Femen führt zwar gerne Protestaktionen durch, die medial viel Widerhall finden, sie bleiben allerdings ohne wirkliche Substanz. Es bleibt eben lediglich bei dieser Selbstinszenierung vor laufenden Kameras. Mehr kommt nicht.

Grundsätzlich habe ich nichts gegen Aktionismus einzuwenden. Manchmal braucht man das, um für ein Thema Aufmerksamkeit zu erzeugen, um aufzurütteln. Doch auf Dauer zu behaupten, man würde ausgebeuteten Frauen dadurch helfen, dass man sich vor Kameras entblößt, ist schlichtweg absolut unrealistisch.

MuslimaPride

Der Femen-Protest vor der Ahmadiyya-Moschee hatte für viel Aufsehen in den Medien gesorgt. Mit einigen Freundinnen beschloss ich kurzerhand, dem Bild, das Femen von der unterdrückten muslimischen Frau vermittelte, unser eigenes Bild entgegenzusetzen. Dieses eine Mal zumindest wollten wir etwas tun, wenn wir von außen wieder in den Fokus gerückt wurden und über uns statt mit uns geredet wurde.

Ich hatte am Vortag erst spät am Abend von der Femen-Aktion erfahren und das Foto davon gepostet. Gegen Mitternacht schrieb ich einige Freundinnen an und setzte unsere Aktion bereits für den nächsten Tag um 17 Uhr an. Alles war unheimlich knapp bemessen, das wusste ich. Aber ich wusste auch, dass wir schnell handeln mussten, wenn wir eine Chance haben wollten, dass ein Medium über uns berichtet. Ich musste den Hype um Femen für unsere Aktion nutzen, so viel wusste ich über Marketing. Wenn nur eine Zeitung über uns schreiben würde, wäre die Aktion aus meiner Sicht bereits geglückt. Eine Zeitung. Mehr hatte ich nicht erwartet.

Am nächsten Tag setzte ich mich zunächst wieder an meinen Schreibtisch. Es waren noch drei Wochen bis zum Examen, ich musste Gas geben. Mittags gab ich eine schnell verfasste Presseerklärung raus, die ich an einige Redaktionen schickte. Nur eine Zeitung reagierte. Eine Redakteurin der Berliner Zeitung schrieb mir, dass sie über die Aktion berichten wolle. Dafür bin ich ihr noch immer dankbar.

Der Artikel musste allerdings noch vor unserer Aktion veröffentlicht werden, sie wollte ihn ankündigen, brauchte ein zitierfähiges Statement von mir und ein Foto. Außerdem fragte sie nach einer Info-Seite zum Verlinken, zumindest zu einer Facebook-Seite riet sie. Mit ihr sprach ich gegen 15 Uhr. Um 16 Uhr war ich bereits mit zwei Freundinnen verabredet, um die Plakate vorzubereiten. Um 17 Uhr sollten drei weitere Freundinnen schon vor der Moschee dazustoßen. Es war also noch einiges zu tun. In größter Eile erstellte ich eine Facebook-Seite. Ich finde es noch heute beeindruckend, dass so viele Menschen so schnell von der Seite erfuhren und sie in kürzester Zeit so viele Follower hatte. Der eine Artikel in der Berliner Zeitung hatte uns bereits einen guten Start ermöglicht.

Ich konnte nicht lange überlegen, wie der Name der Seite sein sollte, und entschied mich kurzerhand für die deutsche Schreibweise des Hashtag #MuslimaPride, der international von muslimischen Frauen genutzt worden war. Als Protest gegen die Femen-Aktionen luden sie überall auf der Welt Fotos in den sozialen Medien mit Statements von sich hoch. Was uns von ihnen unterschied: Wir handelten nicht als Einzelpersonen. Wir hatten uns zusammengeschlossen. Und: Wir nahmen das Ganze mit viel Humor.

Es musste auch alles ganz schnell gehen, als ich ein Foto für die Journalistin schoss. In Windeseile war mein Plakat geschrieben: *„KÄMPFE FÜR MICH! Lass mich sein, wie ich es will, nicht so, wie du es für richtig hältst! #MuslimaPride“* Ich hatte noch meine Jogginghose an, als ich das Foto per Selbstauslöser schoss. Aber untenrum konnte man mich glücklicherweise ohnehin nicht sehen. Ich muss noch immer schmunzeln, wenn ich daran denke, wie ich komplett aussah.

Unterwegs zu meiner Freundin tippte ich noch schnell das Statement für die Berliner Zeitung in mein Handy. Aslinur Üstündag stellte ihre Wohnung zur Verfügung und wartete bereits mit Zeyneb Tanriseven, die die Plakate besorgt hatte, auf mich. Gemeinsam schrieben wir Statements wie: *„Ich bin schon frei!“*, *„Freedom of Choice“*, *„There is more than one way to be free!“* und *„Islam is my Choice“*. Jede malte an einem Plakat, die anderen warteten bereits an der Moschee auf uns und wir mussten uns beeilen. Derweil wurde der Artikel in der Berliner Zeitung bereits veröffentlicht.

Als wir endlich zur Ahmadiyya-Moschee fuhren, erwartete uns bereits eine Überraschung: Denn dort warteten nicht nur Seyma Savas, Zehra Genc und Zeynep Ören auf uns, sondern auch der Imam der Moschee! Irgendjemand hatte ihn darüber in Kenntnis gesetzt, dass wir kommen würden, und nach den Ereignissen am Vortag erwartete er uns in der Kälte bereits mit Freude, schloss uns die Moschee auf, führte uns durch, half uns mit den Fotos und lud uns anschließend zu vorbereitetem Tee und Gebäck ein.

Das war eine große Erleichterung für uns! Wir wussten, dass die Moschee auf Grund der Kälte im Winter noch geschlossen war, und hatten schon fieberhaft überlegt, wie wir sie für unsere Aktion betreten könnten. Wie Femen über die Zäune klettern (und damit Hausfriedensbruch begehen) wollten wir auf keinen Fall. Dass unsere Sorgen grundlos gewesen waren, hatte uns sehr gefreut.

Wir stellten uns also für das Foto mit unseren Plakaten vor der Moschee auf. Ziel war es, das Femen-Foto zu parodieren. Wir wollten dem Bild, das Femen von der muslimischen Frau gezeichnet hatte, unser eigenes Bild entgegensetzen. Was zunächst metaphorisch klang, wollten wir tatsächlich so umsetzen: Zeynep Ören hatte das Femen-Foto auf ihrem Smartphone geöffnet, begutachtete es und gab uns anderen präzise Anweisungen, wie wir zu stehen, wohin und wie wir zu gucken und wie wir unsere Plakate zu halten hätten. Zugegeben: Vor Ort hatten wir uns ein wenig darüber lustig gemacht, wie sehr sie auf Details beharrte, doch im Nachhinein war klar, dass gerade das unser Schlüssel zum Erfolg war.

Abgesehen von unserem Kleidungsstil unterschied uns vom Femen-Foto nur ein Detail: Alexandra Schewtschenko zeigte auf dem Foto ihren Mittelfinger und legte damit eine aggressive Haltung zu Tage. Ich zeigte stattdessen auf dem Foto das Victory-Zeichen und legte damit die Grundlage für unsere Handlung: Salam – Frieden.

Medialer Druck und Messages

Nach unserer Aktion vor der Ahmadiyya-Moschee stellten wir beide Fotos – das von Femen und das von MuslimaPride – gegenüber und veröffentlichten es auf unserer Facebook-Seite. Unser Foto wurde tausendfach geliked und hundertfach geteilt, verbreitete sich in hoher Geschwindigkeit über die sozialen Medien und wurde vielfach diskutiert. Die Resonanz war überwältigend und bald schon wurden die Medien auf uns aufmerksam. Von CNN über Al Jazeera zu Hürriyet berichteten nicht nur internationale Medien über uns, es meldeten sich bald auch nationale Medien von Hörfunk über Print und Fernsehen bei mir: Der Bayerische Rundfunk, die BILD, die TAZ, die Frankfurter Allgemeine Sonntagszeitung und sogar das ZDF – plötzlich wollten sie alle ein Interview. Das war auf der einen Seite eine große Chance. Vor allem für mich als Initiatorin war die wochenlange mediale Aufmerksamkeit aber ein enormer Druck und eine große Belastung.

Mit einem Mal war ich das Sprachrohr für „die muslimische Frau" geworden. Gerade dagegen hatte ich mich aber schon mein Leben lang gesträubt. Es gab nicht DIE muslimische Frau und ich konnte auch nicht für eine Vielzahl von Menschen sprechen. Im besten Falle konnte ich für meine Freundinnen sprechen, die bei der Aktion dabei gewesen waren. Mehr nicht. Dass Musliminnen bunt und vielfältig waren, war darum die erste Message, die ich den Medien vermitteln wollte. Also fing ich an, MuslimaPride als eine Plattform zu nutzen, auf der deutsche Musliminnen sich, ihre unterschiedlichen Lebenskonzepte und die Bereiche ihres Engagements vorstellen konnten. Bei Interviews konnte ich dann auf diese Vielfalt verweisen.

Zum anderen wurde MuslimaPride als Gegenaktion zu Femen dargestellt. Ja, natürlich hatte ich die mediale Aufmerksamkeit um Femen nutzen wollen, doch ich war nicht pauschal gegen Femen. Ich sah Femens Aktion aus verschiedenen Gründen kritisch, aber eine medial aufgebauschte Schlacht zwischen Femen und MuslimaPride wollte ich unterbinden. Ich habe daher, trotz vereinzelter Kritik und hartnäckiger Überzeugungsversuche, nie einem Doppelinterview zwischen Alexandra Schewtschenko und mir zugestimmt. Überall, wo Journalisten von Gegenaktion sprachen, korrigierte ich sie außerdem und zog den Bogen sogleich weiter: Dadurch, dass Femen Musliminnen das Stockholm-Syndrom vorwarf, hat sie ein Bild von Musliminnen in unserer Gesellschaft lediglich zugespitzt dargestellt. Aber die Grundmessage, Musliminnen seien unterdrückt und ungebildet, teilt im Grunde doch ein nicht unerheblicher Teil der Bevölkerung. Der Mensch neigt oft dazu, die eigenen negativen Einstellungen zu verharmlosen, wenn es jemanden gibt, der eine extremere Meinung vertritt. Es sei ja schrecklich, was für einen Vergleich Femen mit dem Stockholm-Syndrom zog, und unerhört, ließen einige verlautbaren, zeigten aber im nächsten Atemzug ähnliche Vorstellungen von einer Muslimin auf. Ich musste klarmachen: Ja, Femen hatte verbal eine Zuspitzung vollzogen, aber nein, du denkst eigentlich nicht besser. Du hast im Grunde das gleiche Bild, dieselben Vorurteile. Und dieses Bild musst du jetzt dringend hinterfragen. Mir ging es nicht um Femen, um eine Handvoll Frauen. Mir ging es um die Gesamtgesellschaft.

Eine weitere Hürde bestand darin, überhaupt die Presseanfragen auszuwählen. Ich hatte zu dieser Zeit das starke Gefühl, dass sich nicht mit jedem Medium und mit jedem Journalisten über unsere Motivation und Ziele sprechen ließ. Jeder Zustimmung zu einem Interview ging daher eine Recherche über die Journalisten voraus. Einige Anfragen wurden so heraussortiert, andere leitete ich an erfahrene Musliminnen weiter. Ich hatte ohnehin immer geglaubt, dass wir untereinander die Pressearbeit viel mehr abstimmen mussten.

Doch auch nach dieser Auswahl blieb viel Arbeit und Druck übrig. Ich konnte noch so viel erzählen, ich sei eine Einzelperson und spräche nicht für alle Musliminnen, am Ende trat ich als solche auf, und das zählte. Ich musste also vorsichtig sein, spürte, dass ich Verantwortung für viele Frauen hatte und nicht allein für mich selbst. Eine Journalistin beschrieb in ihrem Artikel meine Vorsicht so: „Ulusoy blickt ernst und spricht langsam, sie denkt über jede ihrer Aussagen nach. Wie eine, die die Kontrolle über ihre Worte nicht verlieren will." Ich fand, das war recht treffend formuliert.

Reaktionen und Kritik

Wer sich öffentlich positioniert, setzt sich Kritik aus. So wurde auch die Aktion von MuslimaPride unterschiedlich aufgenommen. Dabei haben sich zwei Hauptkritikpunkte herauskristallisiert:

Zum einen kam die Frage auf, warum die MuslimaPride-Teilnehmerinnen alle ein Kopftuch trügen und, ob wir Musliminnen ohne Kopftuch ausschließen würden.

Ich selbst hatte nie zwischen muslimischen Freundinnen mit und ohne Kopftuch unterschieden. Ich hatte Frauen kennengelernt, die sich nicht bedeckten, aber sehr religiös, spirituell und konservativ waren. Ebenso kannte ich Frauen, die bedeckt waren, den Glauben aber sonst kaum in ihren Alltag integrierten. Natürlich kannte ich auch umgekehrte Fälle. Frauen entscheiden sich aus ganz unterschiedlichen Gründen für oder gegen ein Kopftuch. Für mich jedenfalls wird eine Muslimin nicht über ein Stück Tuch definiert. Deshalb hatte ich auch nie einen Blick dafür und mir war, bis diese Kritik geäußert wurde, gar nicht bewusst, dass wir am Aktionstag alle ein Kopftuch getragen hatten. Mir wurde in einem anderen Zusammenhang eine ähnliche Frage gestellt und sie hatte mich auch damals verwirrt. Zu MuslimaPride hatte ich meinen gesamten weiblich-muslimischen Facebook-Freundeskreis ganz unabhängig vom Kopftuch eingeladen. Sogar einige nicht-muslimische Freundinnen hatten davon erfahren und wollten vorbeischauen. Allerdings war die Zeit so knapp bemessen, dass viele so kurzfristig nicht kommen konnten. Einige baten mich darum, den Termin um eine Woche zu verschieben. Das war mir zu lang. Andere hatten Bedenken, sich öffentlich zu positionieren, obwohl sie die Aktion sonst unterstützten. Und wieder andere dachten, dass es ohnehin zwecklos sei. Rundum: Das Kopftuch war zu keinem Zeitpunkt ein Entscheidungskriterium für die Teilnahme.

Zum anderen fragten einige Kritiker danach, ob es denn hatte sein müssen, dass wir durch unsere Aktion Femen nur noch mehr mediale Aufmerksamkeit schenkten und sie so aufwerteten.

Keine Frage, auch ich finde, dass man nicht auf jeden noch so kleinen Vorfall reagieren muss. Aber eins muss klar sein: Femen hat zu keinem Zeitpunkt durch uns mehr Aufmerksamkeit erhalten. Es war andersherum. Wir haben durch Femen Aufmerksamkeit für unsere eigenen Belange erhalten. Nicht wir haben Femen geholfen, Femen hatte uns geholfen.

Muslimische Frauen werden immer wieder in den Fokus zum Teil absurder Debatten gerückt. Häufig wird nicht mit ihnen, sondern über sie gesprochen. Leider schweigen die meisten von uns und lassen Debatte um Debatte über sich ergehen. Ich glaube, dass es manchmal wie ein Befreiungsschlag wirken kann, wenn man auch einmal reagiert, signalisiert: Wir beobachten die Diskussionen genau und stopp, hier werden Grenzen überschritten. Wir müssen präsenter sein.

In den auf unsere Aktion folgenden Tagen, Wochen und gar Monaten habe ich dutzende Zuschriften von muslimischen Frauen erhalten. Auch wenn es öffentlich zum Teil auch Kritik gab, der Tenor dieser Zuschriften war eindeutig: Danke, dass ihr auch endlich mal reagiert habt, und das auf eine gewitzte Art. Ich hatte mich angesichts der Femen-Aktion ohnmächtig gefühlt und war verzweifelt, eure Aktion hat mir Mut gemacht und Kraft gegeben. Endlich hat jemand Stellung bezogen, ohne dabei wütend zu sein, sondern mit guten Botschaften.

Manchmal rütteln derartige Aktionen eben nicht nur die sogenannte Mehrheitsgesellschaft auf, sondern können auch auf die eigenen Reihen befreiend wirken. Wenn ich auch nur eine Muslimin ein wenig anregen konnte, hat sich für mich die ganze Arbeit gelohnt.

Femens Fassade bröckelt

„Ironie des Schicksals“: Dieser Ausdruck passt perfekt zu den Schlagzeilen, die Femen einige Monate nach unserer Aktion ereilten: „Debatte Femen: Naiv und kontrolliert“ oder „Was die Femen verhüllen“, titelten die Zeitungen. Es hatte sich Viktor Swjatski zu Wort gemeldet und enthüllt, dass er als Mann all die Jahre die Fäden von Femen in den Händen gehalten, die Frauen ausgewählt und die Aktionen bestimmt hatte. Die Eingriffe gingen so weit, dass er Frauen

Vorgaben über ihr Gewicht machte. Das hatte zuvor auch die investigative Journalistin Jaroslawa Koba, die sich für einige Wochen bei Femen eingeschleust hatte, erfahren müssen. Ihr hatte Swjatski gesagt: „He du! Du musst abnehmen!" Danach hatte die Journalistin drei Wochen Diät gehalten.

MuslimaPride als Selbsttherapie

In meiner Schulzeit wurde mir zum ersten Mal vorgeworfen, dass ich unter einer Art Stockholm-Syndrom leiden würde. Femen hatte diesen Vorwurf wiederholt.

Ich habe erst viel später wahrgenommen, wie sehr mich die Aussagen meiner Schulleiterin verletzt hatten. Lange Zeit wollte ich mir das nicht zugestehen, aber mir wurde de facto abgesprochen, frei denken zu können, und was ist das Wort eines Menschen wert, der nicht denken kann? Jemandem Derartiges zu unterstellen, ist unheimlich, unglaublich, unerhört.

Mit MuslimaPride habe ich den Versuch unternommen, aufzuarbeiten, was ich als Teenager erlebt habe und wogegen ich damals nicht meine Stimme erheben konnte. Ich habe nicht um Femens willen protestiert. Was sie taten, konnte ich aus verschiedenen Gründen ohnehin nicht ernst nehmen. Ich tat es meinetwillen. Ich tat es für all die Schülerinnen, die Studentinnen, die Frauen da draußen, denen Ähnliches widerfährt. Ich tat es wegen all der Menschen, die nicht Femens Ansichten teilen, sondern die meiner Schulleiterin.

Eins muss nämlich allen klar sein: Es gibt in Deutschland nicht die arme „muslimische Frau", die unter Zwang und Unterdrückung leidet, Phänomene, die uns scheinbar nicht betreffen. Es gibt in Deutschland schlicht und einfach „Frauen", die alle ähnliche Probleme und Sorgen haben: häusliche Gewalt, Kinderbetreuung, gleiche Löhne für die gleiche Arbeit. Ich darf nicht mit einem Frauenbild konfrontiert werden, das wir in Deutschland von Frauen im Iran oder Saudi-Arabien haben. Christliche und muslimische Frauen haben im Iran sicher ähnliche Probleme, eine Frau aus Charlottenburg und Neukölln wahrscheinlich nicht. Es ist die Sozialisation, die uns verbindet oder trennen kann, nicht die Religion, nicht das Kopftuch. Mit meiner nicht muslimischen deutschen oder tamilischen Freundin verbindet mich so viel mehr als mit vielen meiner Glaubensschwestern.

Diese Probleme werden aber nicht dadurch gelöst, indem wir uns reinwaschen oder fühlen, indem wir sie von uns weg und anderen zuschreiben. Feminismus bedeutet nicht, dass ich andere Frauen als Opfer darstelle, sondern sie unterstütze – gerade auch dann, wenn mir ihre Entscheidungen nicht immer gefallen. Freiheit und Feminismus ist, wenn ich jedem seine Freiheit zugestehe, unabhängig von meinem persönlichen Lebensweg und Überzeugungen – denn die muss nicht jeder teilen.

Kurzbiografien der Autorinnen

Amani Abuzahra (Herausgeberin)

studierte Philosophie an der Universität Wien und Intercultural Studies an der Universität Salzburg. Sie ist Hochschulprofessorin an der Kirchlichen Pädagogischen Hochschule (KPH) Wien/Krems und lehrt und forscht im Bereich der Interkulturellen Philosophie und Interkulturellen Pädagogik. Weiters ist sie in der Erwachsenenbildung tätig und referiert zu Themen wie Interkulturalität, Partizipation von MuslimInnen sowie Identitätskonstruktionen muslimischer Jugendlicher. 2012 erschien ihr Buch „*Kulturelle Identität in einer multikulturellen Gesellschaft*" im Passagen Verlag.

Leyla Derman

wurde als Tochter einer türkisch-bosnischen Einwandererfamilie in Leibnitz in der Steiermark geboren. Nach ihrer Matura an einer Handelsakademie studierte sie Betriebswirtschaft an der Karl-Franzens-Universität in Graz. Sie arbeitet als Controllerin in der Niederlassung einer multinationalen Beratungsfirma in Wien. Daneben engagiert sie sich für einen Frauenverein mit dem Schwerpunkt Bildungs- und Berufsberatung in mehreren Sprachen. Sie ist verheiratet und Mutter zweier Söhne.

Kübra Gümüsay

ist Journalistin und Aktivistin. Sie studierte Politikwissenschaften in London und Hamburg und arbeitete als Kolumnistin für die TAZ. Heute schreibt sie u. a. für Die Zeit, Zeit Online und andere Medien und referiert zu den Themen digitaler Wandel, Hass im Netz, Feminismus, Rassismus und Politik.

Soufeina Hamed

ist in Tunesien geboren und in Berlin aufgewachsen. Sie studierte Interkulturelle Psychologie (M. Sc.) an der Universität Osnabrück, hat Erfahrungen im Bereich der Personalentwicklung gesammelt und ist nun als selbstständige Illustratorin tätig. Schon früh hat sie sich in verschiedenen interkulturellen Projekten engagiert, wie dem JUMA-Projekt, der Jungen Islam Konferenz und dem Zahnräder-Netzwerk. Ihre Bilder, die sie unter dem Künstlernamen „tuffix" veröffentlicht, fördern den interkulturellen Dialog und sind Teil verschiedener Ausstellungen, zum Beispiel der Ausstellung „Was glaubst du denn?!" der Bundeszentrale für politische Bildung und dem Hamburger Museum für Kunst und Gewerbe.
Ihre Website: tuffix.net

Anja Hilscher

Jahrgang 1969, ist bereits über die Hälfte ihres Lebens Muslimin. Verständnislose Reaktionen der Umwelt und die wachsende Islamophobie veranlassten Anja zu dem Versuch, ein Buch über den „ganz anderen Islam" zu schreiben. Nach dem Studium des Lehramtes an Grund- und Hauptschulen und einer Erziehungspause absolvierte sie eine Ausbildung zur „Beraterin für interkulturelle Fragen" und arbeitet nun als Leiterin von Integrationskursen. Sie lebt mit Mann und Kindern in Norddeutschland.

Dudu Kücükgöl

wurde in Ankara geboren und zog mit sieben Jahren mit ihrer Familie nach Österreich. Sie wuchs in Großweikersdorf in Niederösterreich auf und maturierte am Gymnasium Hollabrunn. Nach der Matura studierte sie Wirtschaftspädagogik an der Wirtschaftsuniverstität Wien. Sie lebt mit ihrer Familie in Wien und arbeitet als Unternehmensberaterin und Projektmanagerin. Fast 15 Jahre engagierte sie sich in der Muslimischen Jugend Österreich, einer Organisation für junge, österreichische MuslimInnen. Sie war Vorsitzende der Österreichischen Bundesjugendvertretung und war Mitinitiatorin der MiA-Awards, einer Auszeichnung für Frauen mit Migrationshintergrund, dessen Ziel es ist, erfolgreiche Frauen als Vorbilder zu fördern. Neben ihrem Beruf schreibt sie an ihrer Doktorarbeit über postkoloniale feministische Theorien und muslimische Frauen und referiert zu den Themen Integration, Islam in Österreich, Rassismus und Sexismus.

Haliemah Mocevic

MA MSc, hat Psychologie und Intercultural Studies studiert, arbeitet als Hochschulassistentin sowie als Klinische und Gesundheitspsychologin, engagiert sich in interkulturellen Projekten.

Kevser Muratovic

wurde im baden-württembergischen Tübingen, Deutschland geboren, lebt und arbeitet inzwischen in Wien. Sie studierte Erziehungswissenschaft, öffentliches Recht und Islamwissenschaft. Schon in jungen Jahren war sie in der ehrenamtlichen Arbeit mit und für muslimische Jugendliche tätig, wo sie auch ihre ersten beruflichen Erfahrungen sammelte. Sie ist mittlerweile verheiratet, selbstständig und Mutter von vier Kindern. Trotzdem oder gerade deshalb hat sie unterschiedliche Lehrtätigkeiten im pädagogischen Bereich inne und schreibt regelmäßig wissenschaftliche Artikel rund um das Themenfeld Islam, Migration und Integration.

Maisa Pargan

ist 1980 in Zvornik, Bosnien-Herzegowina geboren. Sie lebt seit ihrem zwölften Lebensjahr in Graz, ist verheiratet und Mutter dreier Kinder. Sie hat Übersetzen und Dolmetschen, Bosnisch/Kroatisch/Serbisch, Deutsch und Slowenisch studiert. Ebenso hat sie eine universitäre Ausbildung in Deutsch als Fremd- und Zweitsprache sowie in der frühen Sprachförderung im Elementarbereich und bei Schuleintritt. Sie arbeitet als freiberufliche Übersetzerin und Dolmetscherin sowie als sprachliche Frühförderin in elementaren Einrichtungen. Sie ist auch als interkulturelle Bildungskoordinatorin der Stadt Graz, Abteilung für Bildung und Integration tätig. In ihrer Freizeit engagiert sie sich ehrenamtlich in verschiedenen Communities, insbesondere in der bosnischen in Graz im Bereich Bildung mit dem Fokus auf bildungsbenachteiligte Frauen mit Migrationshintergrund. Hier koordiniert und organisiert sie verschiedene Projekte, die die Bildungsbeteiligung der Frauen mit Migrationshintergrund erhöhen sollen.

Nadia Shehadeh

ist Diplom-Soziologin und seit 2010 als Bloggerin aktiv, vor allem im Bereich Popkultur und Feminismus. Sie ist unter anderem Mitbetreiberin eines der größten und dienstältesten feministischen Blogprojekte Deutschlands (maedchenmannschaft.net) und Gründungsmitglied des international größten Webzines für Metal und Rock-Musik aus dem Nahen Osten (JorZine.com). Seit 2012 bloggt sie auf ihrer eigenen Präsenz shehadistan.com.

Betül Ulusoy

geboren 1989, hat Jura an der Freien Universität Berlin, Deutschland studiert und ist Mitarbeiterin im „Juma-Projekt". Sie engagiert sich im Bildungsbereich und im interreligiösen Dialog und ist Moscheeführerin in der Sehtlik-Moschee in Berlin. Im Februar 2013 rief sie die Initiative „MuslimaPride" ins Leben.